Cuadernos de la Cátedra de Teatro de la Universidad de Murcia

Francisco Javier Díez de Revenga
Mariano de Paco

EL TEATRO DE
MIGUEL HERNANDEZ

ISBN: 84-600-2245-5

Depósito Legal MU-234-1981

Impreso en España por

Sucesores de Nogués. Platería, 39. Murcia

Un jurado, formado por Vicente Ramos, José Guillén García, Manuel Ruiz-Funes Fernández y Antonio García Molina, bajo la presidencia del Delegado del Alcalde de Orihuela, seleccionó el 20 de junio de 1978 la memoria de este trabajo para el Premio "Ramón Sijé" de Ensayo del Ayuntamiento de Orihuela, y otorgó el 15 de diciembre de 1979 definitivamente a este libro sobre "El teatro de Miguel Hernández" el citado Premio en su VII edición.

La Corporación Municipal en su sesión ordinaria de 29 de diciembre de 1980 acordó colaborar con el Secretariado de Publicaciones y la Cátedra de Teatro de la Universidad de Murcia en la realización de la presente edición.

INTRODUCCION

El propósito fundamental que nos ha guiado al estudiar el teatro de Miguel Hernández ha sido el de realizar un detenido análisis de sus obras, una pormenorizada consideración de los dramas que nos permitiese también relacionarlos con el resto de su producción y con la tradición dramática en la que se encontraban.

Del mismo estudio de las obras hernandianas se deducía la oportunidad de considerar tres núcleos temáticos fundamentales: el auto sacramental (*Quien te ha visto y quien te ve y sombra de lo que eras*), el teatro social (*Los hijos de la piedra* y *El labrador de más aire*) y el teatro de guerra (*Teatro en la guerra* —*La cola, El hombrecito, El refugiado* y *Los sentados*— y *Pastor de la muerte*). Hemos preferido en el último caso esa denominación (y no la de teatro político) porque, como veremos, son sus obras una respuesta personal, evolucionando desde su producción anterior, a una concreta y conflictiva situación bélica en la que, más que la de un determinado partido, se pretendía la defensa de unas ideas sociales puestas en entredicho por hombres y circunstancias.

Por otra parte, a medida que profundizábamos en nuestro trabajo, nos parecía más evidente la necesidad de estudiar por separado el lenguaje dramático y el lenguaje poético de las distintas obras y advertíamos que, en esa duplicidad de valores (líricos y teatrales), en su convergencia y discordancia, estaba uno de los más notables rasgos de la producción dramática hernandiana.

Hemos dividido por ello el estudio en tres partes. La primera recoge, a partir de la completa aportación de sus biógrafos, los datos sobre las aficiones teatrales de Miguel, los aspectos externos de sus obras y la difusión escénica que éstas han tenido. Las dos siguientes se ocupan del lenguaje poético y del lenguaje dramático de su producción teatral y en cada una de ellas realizamos un triple apartado: auto sacramental, teatro social y teatro de guerra.

VOCACION DRAMATICA DE MIGUEL HERNANDEZ

Coinciden todos los biógrafos de Miguel Hernández en señalar su temprana vocación dramática mantenida a lo largo de su actividad literaria hasta finalizar la guerra civil. Es muy interesante ponerlo de manifiesto al comenzar este libro, ya que el autor oriolano es fundamentalmente un poeta, y esta naturaleza influirá de manera decisiva en la configuración de su no muy amplia obra dramática. Podríamos así considerar el teatro de Miguel Hernández como la obra de un poeta con vocación dramática.

Y es interesante también recordar los jalones de una vida que, desde la juventud, vive en el teatro la expresión de una actividad artística que estalla por todas partes. Pero esta vocación dramática revestirá unas peculiares características frente a la de otros poetas de su tiempo, y muy especialmente, a los que Hernández seguía más de cerca, García Lorca y Alberti. Frente a ellos, Miguel Hernández no conoció en su juventud un ambiente teatral activo en el que pudiera aprender los secretos del arte escénico. Orihuela, su pueblo culto y literario, carecía como tantas y tantas ciudades de España del ambiente teatral necesario. Por eso, los principios de Miguel Hernández en el teatro son los de un joven aficionado que, como tantos otros en nuestro tiempo y en el tiempo anterior, nace en círculos y asociaciones recreativas juveniles. El resultado de tales actividades fue, de este modo, solamente mediano. Suplía Hernández esta indudable falta de preparación con variadas lecturas de autores clásicos y contemporáneos, cuyo resultado no es sino la creación de una obra de otro tiempo, la creación de un auto sacramental, género expulsado de nuestras letras desde el siglo XVIII, que Miguel, con valentía y atrevimiento, pretende —y consigue en parte— renovar.

Hernández, por tanto, fue en principio un vocacional del teatro y así lo afirma Vicente Ramos, que nos ofrece datos concretos sobre esta primera actividad. «Miguel cifró sus primitivas aspiraciones literarias no en la poesía, sino en el teatro, sin duda, bajo el estímulo de las representaciones que se llevaban a cabo sobre la escena en la Casa del Pueblo. Y, en este sentido, nos consta que su primer intento dramático fue una obra en cinco actos: *La gitana*. Y, en el citado grupo teatral, dirigido por «El Tarugo», Miguel fue uno de los actores que representaron *Los semidioses* de Federico Oliver» [1]. E incluso, explica Ramos a continuación cómo Hernández llegó a abandonar su primera afición teatral, cuando al entrar en contacto con los Fenoll, fue cambiando el teatro por los versos: «Carlos, al igual que su padre, tenía facilidad para la versificación; Miguel ansiaba hacer teatro. Pero al poco, éste, influido por aquél, comenzó a escribir poemas» [2].

Otros biógrafos comentaban del mismo modo las actividades del grupo oriolano, que no se redujeron a una sola obra teatral. Ya en 1955, en el apartado titulado «Adolescencia y juventud oriolanas», Concha Zardoya da cuenta, en un conocido y amplio artículo de la *Revista Hispánica Moderna,* de algunos datos de la juventud del poeta, y entre ellos señala que en

---

[1] VICENTE RAMOS: *Miguel Hernández,* Gredos. Madrid, 1973, pp. 105-106.
[2] VICENTE RAMOS: Op. cit., p. 106.

el Café de Levante continuaron la tertulia de la panadería de los Fenoll: «Organizan un grupo teatral que llaman "La Farsa". Pronto actúan en la Casa del Pueblo y en el Círculo Católico. Miguel Hernández, convertido en el primer actor, es el Juan José del popular drama de Dicenta. No le basta representar teatro, sino que quiere hacerlo: quiere escribirlo. Sus primeros ensayos dramáticos parece ser que fueron verdaderos "dramones"» [3].

Es muy interesante creer el testimonio de la autora cubana por estar, como puntualmente advierte en nota a pie de página, tomado de una información verbal de Efrén Fenoll. Y también importa interpretar estos datos, entre ellos el hecho de que Miguel escribiera unos primeros «dramones» de los que nada se sabe ni nadie ha visto. ¿Era La gitana uno de ellos? El título nos hace pensar en algo parecido y la escuela que el poeta había adquirido con las representaciones de Los semidioses y de Juan José no podría conducir a otra cosa. María de Gracia Ifach también se refiere al tema y no pierde las esperanzas de que aparezca La gitana: «Ceñida a su vocación, siente una obsesiva atracción hacia el drama. Ha intentado varios ensayos que no llegan a cuajar, si bien alguien recuerda uno, en cinco actos, que tituló Gitana y que quizá esté en algún lugar» [4]. Consultada Josefina Manresa sobre esa obra en particular, la viuda de Hernández nos manifiesta no saber nada de ella ni haberla visto por tanto nunca [5].

Los primeros días de 1933 depararían a Hernández la fortuna de conocer a García Lorca en Murcia, adonde el poeta granadino había acudido para actuar con «La Barraca», cuyas representaciones hubo de presenciar el poeta oriolano. La admiración que sentía por Lorca se reforzó cuando el poeta granadino tuvo conocimiento de los poemas de Perito en lunas que en esos días corregía Hernández en pruebas de imprenta [6].

[3] CONCHA ZARDOYA: «Miguel Hernández: vida y obra», Revista Hispánica Moderna, Nueva York, XXI, julio-octubre 1955, p. 204.
[4] MARÍA DE GRACIA IFACH: Miguel Hernández, rayo que no cesa, Plaza-Janés, Barcelona, 1976, p. 101.
[5] Carta de Josefina Manresa a los autores de este libro, fechada el 8 de junio de 1979: «En cuanto a la obra que lleva por título "Gitana" no sabemos nada de ella.»
[6] FRANCISCO JAVIER DÍEZ DE REVENGA: «Miguel Hernán-

De la admiración por «La Barraca» se hacen eco también los estudiosos de la vida del poeta oriolano y, entre ellos, Concha Zardoya lo relaciona con su actividad como recitador a raíz de la publicación precisamente de su *Perito en lunas*: «También siente la intuición del teatro ambulante y popular que desarrolló *La Barraca* con tanto éxito. Y empieza su carrera dramática siendo un simple juglar moderno que gusta, además, de imitar la técnica representativa de los romances de ciego» [7].

Y, en efecto, así, según ha contado Carmen Conde, se presentó en la Universidad Popular de Cartagena en verano de 1933 con un cartelón dibujado por el pintor oriolano Díe y cierta aparatosidad teatral (un melón sobre la mesa, un limón dentro de una jaula simbolizando un canario) para recitar las intrincadas octavas de su *Perito en lunas* y vender ejemplares del libro. Juan Guerrero Zamora acierta al interpretar esta actividad como producto de su indudable temperamento dramático, aunque Guerrero está confundido en el asunto del cartelón que para él fue dibujado por el propio poeta, lo que tampoco nos extrañaría por ser, como Lorca, un fecundo y simpático dibujante: «Recitó con su grave voz de barítono, con abundancia de gestos teatrales pero expresivos, como el mejor moderno juglar —esto le asemeja también a García Lorca— y, para colmo, dijo un romance de ciego para el que había pintado un cartelón con gruesos colores de brocha gorda. Todo esto prueba una vez más su temperamento dramático deseoso de asombrar al prójimo» [8].

Y resultado de esta vocación es su primera obra teatral conservada, el auto sacramental *Quien te ha ha visto y quien te ve y sombra de lo que eras,* y que posiblemente es el primer intento dramático serio del poeta oriolano. El espíritu de la obra está presidido por un criterio teológico y católico que Miguel Hernández compartía entonces con su compañero del alma Ramón Sijé, inspirador evidente de la idea. Porque la ocurrencia de escribir en plena España republicana una

---

dez y el grupo murciano de la revista *Sudeste*», *Murgetana,* 46, 1978.

[7] CONCHA ZARDOYA: Op. cit., p. 208.

[8] JUAN GUERRERO ZAMORA: *Miguel Hernández, poeta,* El Grifón, Madrid, 1955, p. 71.

obra de tan altos vuelos religiosos no podía sino responder a una actitud deliberadamente apostólica. Concha Zardoya ha explicado la idea génesis del auto relacionándola con la postura ideológica del escritor que lo editó en su revista *Cruz y Raya,* es decir, José Bergamín: «¿Por qué —se pregunta Zardoya— escribe un auto sacramental precisamente? Quizá ha leído la obra de Bergamín *Mangas y Capirotes* y ha aprendido a considerar el teatro español como un "teatro sacramental", puesto que lo natural y lo teológico se funden en una poesía purificadora, totalizadora y unificante» [9].

Dos elementos, además de los sentimientos de catolicismo y catolicidad, forman parte indudablemente de la génesis del auto y de la propia obra desde el mismo momento de su gestación: lo aprendido en los libros y la naturaleza de su tierra. Y son justamente estos dos elementos los que conceden a la obra su peculiaridad, su enlace con la tradición literaria española y, por último, su autenticidad, su verdad que tantas veces se ha puesto de manifiesto.

María de Gracia Ifach pone de relieve en su libro sobre el autor la importancia que tiene el primer elemento inspirador de Miguel y lo que éste —la tradición literaria española— le suministra: «Calderón y Lope le atraen sobremanera. Decide a la sombra del primero escribir nada menos que un auto sacramental, al que llama *La danzarina bíblica* —¿inspirado por el tema que Sijé desarrolló en su conferencia del Ateneo alicantino?—. No ha tenido escuela práctica donde aprender; ha leído concienzudamente las mejores obras clásicas y modernas, pero desconoce la carpintería teatral; lo ignora casi todo, mimo, tramoya, escenografía, situación de personajes; es decir, la técnica que todo comediógrafo debe conocer. Sólo pone la intuición de artista que puede captar desde su despierta naturaleza una pretendida cosmovisión escénica» [10].

En estos rasgos vemos, como indicábamos al principio, la peculiaridad de un autor gran aficionado al teatro pero que desconoce, porque no los ha vivido, sus secretos. Por eso, los aciertos de la dramaturgia

---

[9] CONCHA ZARDOYA: «El mundo poético de Miguel Hernández», *Poesía española del siglo XX,* Gredos, Madrid, 1974, p. 105.

[10] MARÍA DE GRACIA IFACH: Op. cit., pp. 100-101.

hernandiana habrá que buscarlos en el sentido poético, en principio, y social, posteriormente, de su obra. Y, sobre todo, los encontraremos en la autenticidad de una inspiración directa en la que lo campesino, lo pastoril, no ha sido inventado o imaginado desde un escritorio de despacho, sino que ha sido tomado del natural, directamente del paisaje y las costumbres y usos cercanos y familiares. Se trata de su propia identificación con el campo vertida a lo largo de su obra y presente ahora de manera decisiva en el auto sacramental.

Así lo ha visto José Guillén García cuando señala que «esta identificación con el protagonismo del campo, que es ya vitalismo real en su propia conciencia, quedará plasmada como visión cosmogónica y social en toda la arquitectura dramática y poética del auto sacramental...» [11]. Identificación con la tierra que llega hasta límites insólitos como el hecho de que nuestro poeta marchara, acompañado del entonces adolescente Manuel Molina, al Campo de la Matanza para convivir con los pastores y sentir próximas las experiencias de una vida rural que habrá de inspirarle las mejores páginas de su auto, que pronto, tras varias fases de elaboración, queda completo y presto para darlo a la luz, para mostrarlo al mundo y asombrarlo con su obra bien construida.

Pero antes, el poeta lo había dado a la lectura semipública en su pueblo y ante sus amigos, que tuvieron ocasión de conocerlo parcialmente. Algunos biógrafos han hecho referencia a este ofrecimiento primicial, entre ellos Juan Guerrero Zamora, que nos cuenta que «cuando lo tuvo acabado, dio una lectura en el Casino de Orihuela, donde el propio poeta encarnó algunos personajes, y su primo Antonio Gilabert, otros. La gente —continúa Guerrero Zamora— fue pensando correrse la gran diversión y dispuesta a interrumpir el acto con burlas, pero, poco a poco, el recitado, el texto, fue ganándose al público, que salió de allí asombrado y haciéndose lenguas de la gran maestría del joven dramaturgo» [12]. María de Gracia Ifach habla de «otra representación» del Auto realizada por los de la Tahona hacia el otoño de 1934 en

---

[11]   José Guillén García: «La poesía social de Miguel Hernández», *Litoral*, 73-74-75, 1978, pp. 162-180.

[12]   Juan Guerrero Zamora: Op. cit., p. 71.

el «Salón Novedades» con intervención de Ramón Sijé «para dar una explicación inteligente de la obra. Miguel, su primo Antonio y otros muchachos son los actores» [13]. A estas noticias podemos añadir el testimonio de primera mano de una lectura, parcial y previa a su culminación, del auto que los estudiosos de la vida de Miguel confunden u omiten, pero que hubo de tener repercusión en la intelectualidad oriolana hasta el punto de que trascendió al diario *La Verdad* de Murcia. Sin duda porque entre los invitados estaba Raimundo de los Reyes, que en su página de «Letras y Artes» del diario murciano de 21 de junio de 1934 nos informa así: «En Orihuela, hace unas noches, el fino literato Ramón Sijé, animador de tantas empresas literarias, dio lectura ante un grupo muy limitado de escritores y poetas, de los dos primeros actos de un auto sacramental del que es autor el poeta Miguel Hernández Giner. Tuvimos ocasión de asistir a dicha lectura, que reunió todos los caracteres de verdadero acontecimiento. Si a Miguel Hernández no le quedara —en su juventud— mucha obra por delante, podríamos asegurar que ésta es su producción cumbre. Y nos extenderíamos a más sin temor de excesivo elogio: podríamos decir que —si el último acto consigue el poeta realizarlo a la altura de los leídos— este retablo es una obra alta de nuestro teatro poético contemporáneo. Mucho esperamos de Miguel Hernández; pero aun así y todo, la lectura fue una revelación; superó a cuanto podía suponerse.»

Y a continuación ofrece un pormenorizado resumen de la obra leída que finaliza con nuevos y definitivos elogios. Si nos hemos referido con cierto detalle a todas estas prerrepresentaciones y lecturas ha sido porque importa destacar el magnífico ambiente y la expectación en que se va creando esta obra que, antes de estar terminada, ya cuenta con el elogio público de una página de periódico. Las representaciones que del auto se hacían consiguieron también manifestar un éxito y un entusiasmo que al joven dramaturgo sin duda envanecerían y llenarían de valor para volver a Madrid y conseguir la publicación de la obra.

Pero igualmente es inevitable recordar el ambiente propicio de un círculo creyente y católico, el de Ori-

---

[13] María de Gracia Ifach: Op. cit., p. 122.

huela. De hecho los elogios que antes hemos transcrito procedentes de la prensa murciana son precisamente pertenecientes al diario católico, que en esa época defendía y secundaba una clara política de derechas y de apostolado católico. Del mismo modo, se explica el interés de una revista como *Cruz y Raya* que enfilaba líneas ideológicas muy afines. Por eso, y por el imaginable tesón del impaciente joven oriolano, la obra vio por fin su luz en letra impresa en las páginas de la revista de Bergamín, que antes cambió el título de *La danzarina bíblica,* parcial sin duda ya que alude a un solo personaje y a una sola condición o actitud —la de la Carne—, por el indudablemente barroco, paradójico y enigmático *Quien te ha visto y quien te ve y sombra de lo que eras,* extraído de los versos de la obra y más representativo de la mutación observada por el Hombre en el auto hernandiano.

«Los elogios —nos relataba Juan Guerrero Zamora— llovieron sobre la cabeza inclinada al optimismo de Miguel. Este, con una querencia a la ilusión que sólo necesitaba, para manifestarse, un leve ánimo, dio en concebir falsas esperanzas: creyó que estrenaría la obra. La llevó a la compañía del Eslava, la cual la rechazó»[14]. Ilusión que se veía fomentada e incrementada cuando prometía a Josefina Manresa, su novia, llevarla a Madrid para presenciar el estreno y conocer todo aquello. Pero de la obra, Miguel Hernández obtuvo ante todo un gran éxito que, incluso, se materializó en una remuneración de doscientas pesetas, según manifestara Manuel Molina a Concha Zardoya[15], que le permitieron sobrevivir durante algún tiempo en el Madrid revuelto de los años republicanos.

El estreno vendría, pero muchos años después y con éxito entre los medios intelectuales de la Orihuela y su región de los años setenta. Porque el auto no cobró vida en el escenario nada menos que hasta el 13 de febrero de 1977 en el Teatro Circo de Orihuela, más de cuarenta años más tarde. El prestigioso y experimental grupo «La Cazuela» de Alcoy, dirigido por Mario Silvestre, daría realidad a la ilusión hernandiana.

La vocación teatral de Miguel no tardaría en dar un nuevo fruto. Pronto volvería a coger la pluma para

---

[14] JUAN GUERRERO ZAMORA: Op. cit., p. 75.
[15] CONCHA ZARDOYA: «Miguel Hernández: vida y obra», p. 52, n. 18.

escribir una nueva obra de teatro: *Los hijos de la piedra,* inspirada en la revolución y represión de los mineros asturianos en 1934. Miguel Hernández está comenzando a cambiar el rumbo de su feraz inspiración y comprendiendo que el teatro es algo más que asimilación de unas lecturas de biblioteca clásica y potente sentimiento de la naturaleza. Pero antes, en 1934, *El Gallo Crisis,* la revista de Ramón Sijé, le publicaba dos escenas del acto tercero de *El torero más valiente.*

Muy poco podemos decir de esta obra que nadie ha visto, por lo menos ninguno de los estudiosos de Hernández lo manifiesta, aunque el drama se conserva completo en poder de Josefina Manresa, según deducimos del testimonio de María de Gracia Ifach que en una nota de su libro nos dice: «Ajustada la O. C., Josefina Manresa me comunica haber encontrado el original completo (21 junio 1961)»[16]. Del mismo modo, la viuda de Hernández en una carta a los autores de este libro nos indica que no nos puede dejar el original, lo que nos hace pensar en la escasa calidad de la pieza, que Miguel también llegó a considerar y aceptar como veremos[17].

La obra fue compuesta en el verano de 1934 respondiendo a la gran afición que tiene por los toros desde niño: «Las primeras escenas, de las que Sijé hace varias copias, las recitan en casa de las "Catalanas" —Pepa, María y Tere Grau—, unas chicas aficionadas al teatro, avanzadas y simpáticas a quienes todos estiman por su carácter desenvuelto»[18] y que, según opinión de María de Gracia Ifach, conseguían reunir un grupo divertido de personas que celebraba el ingenio de nuestro poeta.

Como hemos podido observar, sigue desenvolvién-

---

[16] MARÍA DE GRACIA IFACH: Op. cit., p. 117.
[17] Carta de Josefina Manresa cit.: «Siento mucho tener que decirles que no puedo atender su petición de mandarles unas fotocopias de "El torero más valiente". Creo que ustedes lo comprenderán perfectamente.» No hemos considerado, por tanto, en nuestro estudio las dos escenas que conocemos por no aproximarse mínimamente a un todo de sentido acabado. Tampoco nos referimos a *La endemoniada,* boceto teatral inédito de Miguel Hernández, publicado en *Galeradas* (número 2, junio de 1976, p. 7), que nos parece un bosquejo demasiado truculento y escabroso.
[18] MARÍA DE GRACIA IFACH: Op. cit., p. 116.

dose en los círculos minoritarios en busca del aplauso que la amistad y el cariño le dispensaban fácilmente, lo que de nuevo le hace concebir esperanzas de una representación de Madrid: «La nueva obra —sigue informándonos María de Gracia Ifach— tuvo su punto final en aquel octubre de 1934. Y cada vez que Miguel terminaba una empresa literaria —quizá una aventura— sentíase eufórico esperando su inmediata publicación o su representación en un teatro de Madrid. Sin embargo, esto último no sucedería nunca en vida del poeta, a pesar de haberse interesado por ciertas obras algunos famosos o conocidos actores. Por ejemplo, la actriz Niní Montián consideró buena *El torero más valiente,* opinión corroborada por el afirmativo juicio de García Lorca, que le prometía ayuda para su puesta en escena» [19].

De todas formas, como adelantábamos, Miguel tuvo pronto conciencia de la escasa calidad de la obra como se advierte en una carta a García Lorca no muchos meses después: «... no creas que espero que me digas que me estrenas *El torero más valiente.* No vale la pena. Lo comprendo ahora.» Algo, por tanto, había convencido al joven dramaturgo oriolano de la inoperancia de su obra que quedó definitivamente olvidada. Es posible que el motivo fuera su nueva concepción de la obra dramática como teatro de compromiso que pondría en práctica inmediatamente, aunque como es lógico de forma paulatina, partiendo de *Los hijos de la piedra.* Como escribe Agustín Sánchez Vidal, «ya había empezado aquí a surgir un Miguel Hernández muy distinto, porque la Revolución de Octubre marcó profundamente la conciencia intelectual del país, y ya por entonces estaba rodeado en Madrid de gentes cuyo modo de pensar divergía radicalmente del de Sijé. *Los hijos de la piedra* puede ser considerado, en consecuencia, como el hito que rompe las aguas y separa las dos vertientes hernandianas» [20].

La obra, pues, ha de considerarse fundamental en la evolución de esa vocación dramática que intentamos captar en Miguel Hernández, a pesar de que técnicamente está muy poco lograda y temática o

---

[19] María de Gracia Ifach: Op. cit., p. 117.
[20] Agustín Sánchez Vidal: *Miguel Hernández en la encrucijada,* Suplementos de Cuadernos para el Diálogo, Madrid, 1976, p. 15.

ideológicamente es un paso relativo y prudente, ya que en el argumento se propugna, todavía, la existencia de un patrón bueno que en *El labrador de más aire* veremos definitivamente sustituido. Miguel sigue viviendo con intensidad su propia vida de creador, de personaje teatral. Si, como indica Muñoz Garrigós [21], se ha encarnado en el José de *El torero más valiente* porque a través del fragmento que conocemos se cristaliza su personalidad, también se encarna en el valeroso y arrojado protagonista de *Los hijos de la piedra,* cuyos ideales son los del propio Miguel Hernández ya influido por las corrientes de izquierdas que inspiraban a sus nuevos amigos, entre ellos a Pablo Neruda.

Sobreviene en esta época una gran crisis de fe que queda registrada en una conocida carta a Juan Guerrero Ruiz [22], en la que el poeta manifiesta un notable cambio ideológico. El auto sacramental, que tantas satisfacciones le había otorgado, ahora le resulta lejano, a pesar de estar fechada esta carta en mayo de 1935: «Ha pasado algún tiempo desde la publicación de esta obra y ni pienso ni siento muchas cosas de las que digo allí, ni tengo nada que ver con la política católica y dañina de *Cruz y Raya,* ni mucho menos con la exacerbada y triste revista de nuestro amigo Sijé [...] Estoy harto y arrepentido de haber hecho cosas al servicio de Dios y la tontería Católica. Me dedico única y exclusivamente a la canción y a la vida de tierra y sangre adentro: estaba mintiendo a mi voz y a mi naturaleza terrena hasta más no poder, estaba traicionándome y suicidándome tristemente. Sé de una vez que a la canción no se le puede poner trabas de ninguna clase: no sé como explicar esto.»

Sobran comentarios a unas palabras tan apasionadas, sinceras y directas, por más que en ellas queramos observar matices y dudas. Miguel estaba dando un cambio definitivo como creyente —si es que alguna vez lo fue—, como hombre y como escritor. Del interés por la comprensión de la vida como drama teológico pasa pronto a sentir muy próximos los problemas del hombre en sociedad. Y el motivo se lo ofrece la revolución de Asturias de octubre del año ante-

---

[21] José Muñoz Garrigós: Ed. facsímil de *El gallo crisis,* Ayuntamiento, Orihuela, 1973, p. 18.

[22] Recogida por Juan Cano Ballesta: *La poesía de Miguel Hernández,* Gredos, Madrid, 2.ª edic., 1971, pp. 275-277.

rior que inspira las escenas de su *Los hijos de la piedra* como había inspirado al argentino Raúl González Tuñón, amigo de Miguel (*Homenaje a la insurrección de Asturias y otros poemas revolucionarios*) y a Emilio Prados («Llanto de octubre-Durante la represión y bajo la censura posterior al levantamiento del año 1934»), según ha señalado puntualmente José María Balcells [23].

A la obra, a pesar de sus evidentes defectos, hay que reconocerle la oportunidad en la adaptación y actualización del tema de *Fuenteovejuna,* como ha escrito Robert Marrast: «*Los hijos de la piedra* (1935) reprenia, adaptant-lo i actualizant-lo, el tema de *Fuenteovejuna* de Lope, però la seva mala construcció (menys en el primer quadre), el seu didactisme maniqueista i les seves escenes melodramàtiques li prenien bona part de la seva eficàcia, i potser és per això que l'obra no va ésser representada durant la guerra civil (malgrat ésser superior a moltes d'altres que van conèixer l'honor de l'escena)» [24].

Miguel Hernández abrigó bien pronto, como era su costumbre, la esperanza de verla representada y en ello intervendría precisamente el antes citado González Tuñón. Refiere María de Gracia Ifach que «Miguel da cuenta a su novia que ha recibido carta de un amigo de Buenos Aires —sin duda Rafael González Tuñón— en la que dice está gestionando el estreno de su obra. Se refiere a *Los hijos de la piedra,* representada al año siguiente en el teatro del pueblo» [25]. La noticia no tiene más confirmación que una nota a pie de página que envía al artículo de José Forné Ferrere [26] en el que hace referencia a esta representación. Sin embargo, más concreta es la que ofrecen sobre este mismo tema Vicenta Pastor, Manuel Rodríguez y José Oliva en la nota introductoria a esta obra en su edición del *Teatro completo.* «Hay noticias —nos comentan— de que se estrenó en Buenos Aires, el 11 de

---

[23] José María Balcells: *Miguel Hernández, corazón desmesurado,* Dirosa, Barcelona, 1975, p. 129.

[24] Robert Marrast: *El teatre durant la guerra civil espanyola, Assaig d'història i documents,* Monografies de Teatre, Institut del Teatre, Barcelona, 1978, p. 218.

[25] María de Gracia Ifach: Op. cit., p. 271.

[26] José Forné Ferrere: «Miguel Hernández prosista», *La Gaceta,* Cuba, junio 1970.

abril de 1946. La puesta en escena estuvo a cargo del Teatro del Pueblo, dirigida por Leonidas Barletta, con escenografía de Manuel Aguiar y Agustín Schauters (*La Nación,* 12 de abril de 1946, Buenos Aires)»[27].

Una obra, por tanto, que vio la luz pública de la representación cuando ya su mensaje colectivo nada decía a España, alejada física y espiritualmente, ni al propio Hernández, muerto ya para esa fecha hacía varios años. Sin embargo, ahí quedó inédita hasta mucho después, abrigando unas esperanzas de llevar el mensaje de la España de los años más difíciles. Mientras otras obras de Miguel, como el auto, las escenas de *El torero* o *El labrador,* se publicaron inmediatamente, *Los hijos* no se vio impresa hasta 1959 en las ediciones Quetzal de Buenos Aires

Los planes teatrales de Miguel continuaron en estos años de preguerra, a pesar de que eran de difícil convivencia y supervivencia. Aunque el teatro que conocemos de él a partir de ahora es un teatro comprometido ideológicamente, el autor tenía otros proyectos y, por lo que se desprende de los escasos datos que tenemos, muy curiosos. Hay que recordar su detención en febrero de 1936 en San Fernando de Jarama cuando esperaba a unos amigos excursionistas, hecho que despertó una general repulsa por parte de los escritores de la época. Y sobre todo releer la principal causa por la que fue conducido al Cuartel de la Guardia Civil, según cuenta Guerrero Zamora: «Sucedió que no llevando cédula [...] lo registraron, hallándole, entre otros papeles, uno donde estaban anotados los personajes de un drama en preparación. Allí se leía: «... nombres para la obra: El Bragado, León Gallardo, Pan Redondo, Pedro-de-Oro, Bragueta de África, Cándido Rusia, Curro el Guajo, Ceporro, Matacán, Lola la Eterna, El Boquinegro, Fortuna la Fogosa, La Frescuela, Cayetana, Juan Delgado y Esmeraldo»[28]. Lo que pensaron los Guardias es que pudiera ser jefe de alguna cuadrilla de dinamiteros y por eso le detuvieron. Pero ¿qué clase de obra llevaba el joven poeta entre manos? ¿Qué clase de sainete o drama de hampones y navajeros con sabor castizo?

---

[27] MIGUEL HERNÁNDEZ: *Teatro completo,* Liminar, prólogo y notas introductorias de Vicenta Pastor Ibáñez, Manuel Rodríguez Maciá y José Oliva, Ayuso, Madrid, 1978, p. 183.
[28] JUAN GUERRERO ZAMORA: Op. cit., pp. 97-98.

Nunca quizás lo sabremos. Lo que si se concreta es una variada actividad teatral que pone de manifiesto el autor con motivo del centenario de Lope de Vega.

Dos fueron sus contribuciones al centenario del gran creador de nuestra comedia clásica que denotan su evidente vocación y afecto hacia el teatro, como venimos señalando: su conferencia o charla en la Universidad Popular de Cartagena, invitado por Antonio Oliver y Carmen Conde [29], y la redacción de *El labrador de más aire,* la más lopesca de sus obras. Acerca de la conferencia hay que señalar que tuvo lugar el 27 de agosto de 1935 sobre *Lope de Vega en relación con los poetas de hoy* [30], cuyo interés radicaría justamente en la originalidad del tema y en la presentación personal que de él haría un poeta en activo como Hernández; *El rayo que no cesa* ya había dado en gran medida el índice de su afecto por los autores del Siglo de Oro, entre los que Lope ocupa importante lugar [31].

El labrador de más aire contenía de nuevo los planteamientos sociales de *Los hijos de la piedra,* aunque con una gran evolución en su forma de pensar, que se pone de manifiesto en la desaparición del amo bueno subsistente, como hemos visto, en el drama del año anterior.

La redacción de la obra coincide con los días en que las tropas se sublevan en Africa, que sorprenden a nuestro poeta escribiendo febrilmente *El labrador.* Vuelven los problemas de la tierra y de la relación entre amos y trabajadores con el ya característico valor poético y perfección lírica, y regresa también la personal participación del autor, que se descubre en las principales criaturas de la obra, y esta vez más claramente que nunca. Así lo escribe en una carta a Carlos Fenoll, precisamente el 12 de junio: «Estoy entusiasmado porque sé que no es posible que tarde en estrenar, pero, sobre todo, porque el personaje, mejor, los dos personajes centrales de la obra, los estoy creando a imagen y semejanza de lo que yo quisiera ser.» Escribía la obra, según la misma carta, para

[29] Vid. cartas sobre el particular en JUAN GUERRERO ZAMORA: Op. cit., pp. 86 ss.
[30] VICENTE RAMOS: Op. cit., p. 140.
[31] MANUEL RUIZ-FUNES FERNÁNDEZ: *Algunas notas sobre «El rayo que no cesa», de Miguel Hernández,* Instituto de Estudios Alicantinos, Alicante, 1973.

presentarse al Premio Lope de Vega que era conmemorativo del Centenario y estaba dotado nada menos que con diez mil pesetas. No lo obtendría, pero no por eso perdió las esperanzas de estrenar que, según María de Gracia Ifach, sufrieron otro duro revés cuando conoció la muerte de su gran amigo García Lorca. «Con su muerte ha perdido, además del amigo, la gran ayuda prometida para auparle en el teatro. Quizá por sugerencia de Federico, Margarita Xirgu —que sigue ofreciendo su arte en el "Teatro Español"— escucha la lectura de una obra del novel autor. Probablemente se tratase del auto sacramental, de gran solidez escénica, o de *El labrador de más aire,* que ya tenía acabado. Lo cierto es que a la primerísima actriz y a otros elementos de la compañía les ha causado un excelente efecto y la Xirgu le asegura que estudiará la posibilidad de estreno» [32]. La lectura se llevó a cabo el 21 de septiembre, pero el estreno no llegaría a producirse porque Miguel se enrola como voluntario en el quinto regimiento, comenzando una nueva etapa en su vida, distinta para él como para tantos españoles. El retraso y, por fin, la definitiva renuncia al estreno, determinaron sin duda que aprovechara la ocasión de publicarla en la editorial Nuestro Pueblo, al año siguiente, en 1937.

La obra —destino repetido en la producción de Miguel Hernández— se estrenaría en Madrid, muchos años después, el 17 de octubre de 1972 por la compañía de Natalia Silva y Andrés Magdaleno. La representación de la primera obra estrenada de nuestro autor en España no fue plenamente lograda y el éxito fue mediano. La crítica puso de manifiesto la imperfección técnica y dramática de la pieza, aunque valoraba muy justamente los extraordinarios valores poéticos de *El labrador de más aire.* Se evidenció así, de manera definitiva, el signo de todo el teatro de Hernández, como tendremos ocasión de estudiar con amplitud, ya que se desenvuelve entre el valor lírico-expresivo y la pobreza técnico-dramática de sus obras.

La pieza, por otra parte, marca un nuevo paso en la evolución ideológica del autor, que veremos pronto superada. Cuando se publica, Miguel ya escribía poemas decididamente revolucionarios, por más que en *El labrador,* en varios pasajes de la obra, se descu-

---

[32] María de Gracia Ifach: Op. cit., p. 175.

briesen ya parlamentos «de inspiración marxista», como ha señalado José Guillén [33].

Y en 1937 también es cuando publica su *Teatro en la guerra,* cuyo mayor valor está en la famosa «Nota previa» donde Hernández toma conciencia clara del carácter revolucionario de su teatro y, sobre todo, del cambio experimentado en su dramaturgia y en su poesía a partir del estallido de la guerra civil. «El 18 de julio de 1936, frente al movimiento de los militares traidores, entro yo, poeta, y conmigo mi poesía, en el trance más doloroso y trabajoso, pero más glorioso, al mismo tiempo, de mi vida. No había sido hasta ese día un poeta revolucionario en toda la extensión de la palabra y su alma. Había escrito versos y dramas de exaltación al trabajo y de condenación del burgués, pero el empujón definitivo que me arrastró a definir mi poesía en forma de arma combativa me lo dieron los traidores con su traición, aquel iluminado 18 de julio.»

No se trata, por tanto, de una mera suposición afirmar que Hernández ha experimentado una profunda crisis y ha convertido su obra poco a poco en un arma de guerra como él mismo afirma. Tampoco es difícil advertir que la causa fue precisamente el levantamiento militar. Pero hay que evaluar unos resultados poco menos que negativos porque su *Teatro en la guerra,* compuesto de las piezas cortas *La cola, El hombrecito, El refugiado* y *Los sentados,* no fue sino una pobre experiencia dramática. Como muy bien y objetivamente ha analizado el profesor francés Robert Marrast, estas obras hernandianas pertenecen a un tipo de teatro de urgencia que se llevó a cabo durante la guerra civil con el fin de levantar la conciencia del pueblo: «Totes les obres d'aquest tipus fan pensar en les primeres experiències del teatre revolucionari soviètic.» Y como éstas de Hernández señala la existencia de otras muchas como *El saboteador* de Santiago Ontañón o *El bulo* del mismo autor, que fue una sátira de gran éxito. Rafael Alberti había compuesto *Bazar de la providencia* y *Farsa de los reyes magos* en 1934 destinadas a grupos teatrales o a guiñoles de agitación política que culminaron en la también de

---

[33]   José Guillén García: *Op. cit.,* p. 175.

Alberti *Radio Sevilla,* farsa cómico-satírica sobre la emisora nacionalista [34].

El juicio de los críticos sobre estas obrillas hernadianas ha sido, en general, negativo, aunque todos siguen valorando la indefectible intuición poética del autor que, sin lograr dramatizar en tan breve tiempo un conflicto aislado, consigue, sin embargo, elaborar unas obrillas ágiles que quizá pudieron interesar en su momento. Es muy reveladora, a este respecto, la opinión de quien como Concha Zardoya tan bien conoce a Miguel Hernández: «El tema de todas ellas expone los difíciles problemas de la retaguardia y ataca la cobardía, el derrotismo... La intención es satírica y ejemplarizadora. Todas exponen consignas de guerra y combaten los vicios surgidos al calor de la contienda. No tienen otro mérito ni otra ambición. Son piezas rudas, de violento claroscuro y de violentas situaciones con algún que otro atisbo poético» [35].

El mismo Hernández las definió como «apuntes populares. Lo que está viendo uno cada día. A veces lo que no quisiéramos ver» [36]. Descubrimos, pues, al autor en plena guerra, primavera y verano de 1937, dedicado por entero, y con la fiebre y el entusiasmo ya característicos, al teatro y a la poesía, que jamás ha abandonado. Va a los frentes y en las trincheras recita y arenga a los soldados, asiste a posibles representaciones de sus obras en un acto. Como muy novelescamente afirma Bravo Morata, ve representadas sus creaciones «con decorados de embudos de la artillería y con el fondo del fuego de los morteros y ametralladoras» [37].

Sin embargo, en concreto, sólo conocemos por el exhaustivo trabajo de Marrast, la representación de una de estas obras, exactamente de *El refugiado* que montó en agosto de 1938 un grupo de las JSU de Guadalajara para su ciudad y alrededores en un programa benéfico y de propaganda junto a *El sabotea-*

---

[34] ROBERT MARRAST: Op. cit., p. 221.
[35] CONCHA ZARDOYA: «Miguel Hernández: vida y obra», p. 287.
[36] NICOLÁS GUILLÉN: «Un poeta en espardeñas: hablando con Miguel Hernández», en *Miguel Hernández,* El escritor y la crítica, Taurus, Madrid, 1975, p. 60.
[37] FEDERICO BRAVO MORATA: *Miguel Hernández,* Fenicia, Madrid, 1979, p. 165.

dor de Ontañón y algunos poemas recitados: «Aquesta és l'única menció que hem trobat a la premsa de guerra de representacions de les obres d'actualitat de l'autor de *Viento del pueblo*» [38].

Aun así, es de suponer que las representaciones de todas estas obrillas fueran mucho más numerosas entre otras razones porque la presencia de Miguel como combatiente activo las potenciaría. Habría que añadir además lo apropiado de sus temas y sobre todo su asequibilidad, ya que *Teatro en la guerra* fue publicado por editorial *Nuestro Pueblo* en Valencia durante el otoño de 1937, en un amanoso librito.

Otro de los acontecimientos que mejor definen la vocación dramática de nuestro poeta es el extraordinario viaje a la URSS que realizó a partir de agosto de aquel año, becado por el Ministerio de Instrucción Pública y Bellas Artes y acompañado de otros cuatro intelectuales: el músico Casal Chapí, el dibujante Miguel Prieto, la actriz Gloria Santillán y el periodista Francisco Martínez Allende [39]. El fin de este viaje era conocer el teatro soviético y, en efecto, tiene ocasión de presenciar en el Gran Teatro de Moscú el ballet clásico de *La bella durmiente del bosque* con música de Tschaikovski, un episodio basado en la guerra civil titulado *Días de los guerrilleros* y otro inspirado en *La comuna* con el título de *Llamas de París,* además de bailes basados en el *Don Apacible,* obras de teatro clásico (*Ana Karenina* de Tolstoi, *Otelo* de Shakespeare y *Enfermo del espíritu* de Zaratok), así como teatro para niños (*La llavecita dorada* de Tolstoi) [40]. Como puede advertirse, consiguió Miguel cubrir ampliamente sus apetencias en torno al conocimiento de las distintas ramas del teatro y aprender diversas técnicas y procedimientos que jamás podría ya aplicar a su teatro, ni al revolucionario de guerra ni al que proyectaba hacer en la paz.

A su regreso de Moscú y otras ciudades soviéticas, pone punto final a su última obra dramática, *Pastor de la muerte,* y la presenta al concurso oficial que se había convocado en octubre de 1937 para premiar distintas obras literarias y cinematográficas que pusiesen de manifiesto aspectos de la guerra y del heroís-

[38] ROBERT MARRAST: Op. cit., p. 207.
[39] VICENTE RAMOS: Op. cit., p. 152.
[40] MARÍA DE GRACIA IFACH: Op. cit., p. 211.

mo de los combatientes. Por tanto, como bien indica Marrast frente a todos los biógrafos, la obra no fue escrita ni finalizada en Cox en la primavera de 1938 como tantas veces se ha dicho, sino que la tenía terminada todo lo más a fines de 1937 [41]. Miguel se presentó al grupo que requería una «obra de teatro sobre motivos de nuestra lucha» [42], pero no obtuvo ni el premio de 10.000 pesetas ni el accésit de 5.000, que quedaron desiertos, y hubo de conformarse con un accésit de 3.000 con el que fue compensada su obra [43].

Se señala de nuevo un fracaso en esta obra hernandiana a pesar de contener un tema de actualidad, ya que se escenifica en el frente de Madrid con problemas y conflictos de la vida cotidiana de aquellas fechas sangrientas, y los personajes son populares y llenos de vida, sobre todo Pedro, el protagonista, en el que se vuelve a encarnar Miguel Hernández, y el Cubano, trasunto de un gran amigo de nuestro dramaturgo, el poeta de esta nacionalidad Pablo de la Torriente, que combatía en el frente de Madrid. Se atribuye el fracaso a la constante preocupación de Miguel por la expresión poética, a lo poco convincente de sus diálogos, cuyas palabras no son ni mucho menos las apropiadas para la dramática situación que vive la obra, como tendremos ocasión de comprobar más adelante.

El drama no fue representado nunca y sólo conoció la luz pública en 1960, con ocasión de su edición en las *Obras completas* de Losada, en Buenos Aires [44], aunque Concha Zardoya señaló en nota de su artículo de Nueva York que «según Cócaro, fue representada en Argentina, en 1946, por el conjunto vocacional del Teatro del Pueblo» [45]. Posiblemente se trate de una confusión con el estreno en Buenos Aires de *Los hijos de la piedra,* antes señalado.

Con estas notas sobre *Pastor de la muerte* hay que poner punto final a lo que hemos querido mostrar como una intensa vocación dramática frustrada por la

---

[41]   ROBERT MARRAST: Op. cit., p. 218.
[42]   *Gaceta de la República,* 8 octubre 1937.
[43]   *Gaceta de la República,* 15 abril 1938.
[44]   Utilizamos para las citas de Miguel Hernández que figuran en este libro la 3.ª edic. de estas *o. c.,* Buenos Aires, 1976.
[45]   CONCHA ZARDOYA: «Miguel Hernández: vida y obra», p. 289. Se refiere a Nicolás Cócaro: «Sobre Miguel Hernández: Obra escogida: poesía y teatro», *Sur,* 219-220, 1953, pp. 132-135.

fuerza de una gran inspiración poética. Como escribe Ruiz Ramón, «resulta doloroso tener que reconocer y escribir que su otro teatro, el único que pudo crear, el teatro revolucionario, en su doble vertiente de teatro proletario, antiburgués y de exaltación del trabajo, y de teatro de guerra, es, en su misma raíz, insuficiente y deficiente. Insuficiente por su realización dramática y deficiente por la elementalidad de su contenido» [46]. Miguel Hernández continuará escribiendo desde el final de la guerra hasta su muerte en prisión, pero sólo poesía, mientras soñaba en un teatro en paz «que será la vida misma de España», un teatro quizá distinto del que había escrito hasta la guerra y en el que había operado una compleja evolución ideológico-dramática hasta un radicalismo revolucionario de propaganda y compromiso, aunque manteniendo siempre como preocupación permanente un sentido social que ya apunta en el auto [47].

Por eso no podemos imaginar cómo sería el teatro de paz que Miguel Hernández deseaba, cuando en España se hubiese acabado la lucha. Lo que sí parece claro es que este anhelo de crear un teatro nuevo es un último y definitivo síntoma de esa intensa vocación dramática que en estas páginas primeras hemos querido destacar.

---

[46] Francisco Ruiz Ramón: *Historia del Teatro Español. Siglo XX,* Cátedra, Madrid, 3.ª edic., 1977, p. 279.
[47] Vid. Mariano de Paco: «Sentido social del teatro de Miguel Hernández», *Revista del Instituto de Estudios Alicantinos,* 9, 1973, pp. 7-21.

LENGUAJE POETICO

I. EL AUTO SACRAMENTAL

De entre las obras dramáticas de Miguel Hernández, el auto sacramental que quedó definitivamente titulado *Quien te ha visto y quien te ve y sombra de lo que eras,* es la de contextura poética más patente. En ella, el poeta realiza sobre el dramaturgo la mayor parte de la creación artística, con lo que definitivamente se percibe que el auto es obra, ante todo, de un poeta. En el análisis que del teatro de Miguel Hernández vamos a realizar, procede en primer lugar el estudio de ese lenguaje poético, que en el caso de Hernández es fundamental, y en particular en la revisión del auto, que podemos considerar una de las mejores obras poéticas del autor.

Miguel Hernández, como hemos de ver con detalle, acogió para la realización de su obra su ya intensa experiencia poética, que en estas fechas había alcanzado el final de su fase de aprendizaje. Miguel, como ya sabemos, había conocido y practicado el gongorismo,

31

signo inequívoco de *Perito en lunas,* y se encontraba en este tiempo fuertemente influido por los clásicos del Siglo de Oro, lo que va a tener decisiva importancia a la hora de componer la obra. Y, de hecho, el auto sacramental, desde el punto de vista poético, no es sino el resultado de una amplia asimilación de numerosas lecturas pertenecientes a autores de nuestra mejor época literaria, sobre todo Calderón, Góngora, Quevedo y Lope, así como los poetas renacentistas Fray Luis de León, San Juan de la Cruz, y en menor presencia Garcilaso de la Vega, con masiva asimilación de todo el petrarquismo renacentista.

Tales influencias determinan en gran manera el signo del lenguaje poético de la obra que, en cualquier caso, se ve definido también por la intensa presencia de la naturaleza, conocida por propia experiencia y asimilada con acierto como medio expresivo en esta obra de Hernández. Los resultados, a la hora de elaborar la imaginería del auto, son de un extraordinario valor estético que podremos apreciar en el análisis detallado que ofrecemos de este aspecto.

Hay que destacar, de todas formas, que la visión ofrecida por el poeta del entorno natural, del paisaje, no es estática, sino que la fuerza de la naturaleza es dinámica en su auto sacramental y, de hecho, lo que Miguel Hernández nos ofrece es una visión completa de la vida rural, de las labores que el hombre puede hacer en el campo, con lo que le concede un especial movimiento. Este quizá, desde el punto de vista poético, es el mayor acierto del autor, en tanto que poético puede significar sincero, personal, auténtico y vívido. Hernández nos ofrece de este modo el resultado de su propia experiencia como hombre del pueblo, como pastor —así se encarna, bajo esta apariencia, en la obra el autor—, como admirador de la naturaleza en definitiva [1].

El sentido poético de la pieza lo vamos a observar

---

[1] AGUSTÍN SÁNCHEZ VIDAL (Op. cit., p. 18) ya destaca que las «silogísticas estructuras calderonianas quedan perforadas aquí y allá por oleadas de aires rústicos a la manera de Lope y Tirso». Y señala como significativa en este sentido la importancia de las canciones neopopulares. Sobre todas estas cuestiones facilita amplia información también la útil síntesis de GERALDINE CLEARY NICHOLS: *Miguel Hernández,* Twayne Publishers, Boston, 1978, pp. 48-52 y 110-115 (Analysis of Theatrical Works).

partiendo del valor fónico del lenguaje para llegar a los temas poéticos, a través de los distintos niveles que nos ayuden a mejor comprender la lección y el significado de esta obra poética y dramática de Miguel Hernández. La aproximación al lenguaje poético de la obra ha de partir, naturalmente, de la contextura propiamente externa y en particular del verso y sus elementos constitutivos. En este terreno, uno de los más definitorios de la obra como poética y de su autor como poeta, hay que señalar en primer lugar que Miguel Hernández la escribe en su totalidad en verso y que para ello utiliza una métrica tradicional, a imitación de la empleada por los dramaturgos del siglo XVII, ajustándose incluso a la polimetría tan característica, lo que concede a la obra variedad y matización en los distintos pasajes, aunque no podamos, en estricto sentido, hablar de una correspondencia o adecuación métrico-temática siguiendo el tan incumplido patrón de Lope de Vega en el que ponderaba este tipo de ajuste. Sin embargo, hay que destacar una gran variedad, aunque dentro de las estrofas y series paraestróficas de arte menor y particularmente octosilábicas (quintillas, romance, redondillas, cuartetas y décimas). Como excepción utiliza el endecasílabo en algunas silvas y en combinaciones regulares con versos heptasílabos bajo un patrón organizado por el propio poeta[2].

Tal contextura métrica nos introduce en un ambiente de indudable sabor seiscentista, especialmente aquellos parlamentos formados por décimas, de indudable gusto calderoniano, tal como ocurre en este soliloquio del Hombre-Niño, en el que además de otros rasgos típicamente barrocos de extracción conceptista, como las paradojas de la primera décima, la forma estrófica revela un parentesco con el autor de *La vida es sueño* evidente:

> HOMBRE-NIÑO.
>
> ¡Ay! ¡Pequé! ¡Pequé! ¡Pequé!...
> Supe lo que no sabía:
> y ¿qué más que el primer día
> mío sé que ya no sé?

---
[2] Vid. para el estudio detallado de los esquemas métricos y estróficos, CONCHA ZARDOYA, artículo cit. de *Revista Hispánica Moderna*, pp. 278-279.

> ¡Ay! ¡Todo es un no-sé-qué
> aparentemente cierto;
> que entre dormido y despierto,
> sin saber si muero o vivo,
> vivo media vida vivo,
> vivo media vida muerto'

(P. I, e. XI)

Los ejemplos como éste podrían ser numerosos, en un análisis más detallado del impecable verso hernandiano que es manejado en todo momento con absoluta facilidad. Plantea con gracia los cambios de escenas modificando, casi siempre, el metro y en los parlamentos más extensos, entre los que figuran algunas «relaciones», Miguel emplea con soltura el romance. Incluso maneja con suma habilidad el verso partido entre los distintos personajes, uno de los más típicos recursos de nuestro teatro barroco, que el poeta lleva a extremos como el reflejado en estos tres endecasílabos del final de una de sus octavas reales:

OÍR.
> ¡Oye!

MIRAR.
> ¡Mira!

TOCAR.
> ¡Tantea!

OLER.
> ¡Huele!

GUSTAR.
> ¡Gusta!

DESEO.
> ¡Acércale tus dientes a la poma!

OÍR.
> ¡Anda!

MIRAR.
> ¡Corre!

OLER.
> ¡No temas!

GUSTAR.
> ¡Muerde!

TOCAR.
> ¡Toma¡

(P. I, e. X)

Como complementos del verso, en busca de una mayor compacidad rítmica, Miguel Hernández maneja masivamente los paralelismos y las correlaciones, que son sin duda una de las notas más características de la pieza, como repetidamente se ha estudiado por la crítica de esta obra[3]. Nos vamos a referir ahora a las numerosas construcciones anafóricas que aparecen por doquier en el auto, y más adelante comentaremos otros aspectos encuadrables dentro de este amplio capítulo, por otra parte muy conocido. Las anáforas intensifican poderosamente la sensación de ritmo en la obra, de estructura envolvente y artísticamente cuidada que Miguel en todo momento procura observar. La belleza de pasajes construidos sobre la base de intensas anáforas es indudable y efectivamente poética y melódica, como Hernández sabía muy bien. Los ejemplos surgen por todas partes y el lector que conozca el auto está al corriente de que prácticamente los paralelismos son la base de la expresión poética del mismo y su característica más esencial[4].

Véase este ejemplo aislado que puede servir como muestra de cuanto decimos:

DESEO.

Como al yunque el herrero,
como el clavo al martillo,
como la leña al fuego que alimenta,
como el agua al venero,
como el pan al cuchillo,

[3] Vid. JUAN GUERRERO ZAMORA (Op. cit., pp. 391 ss.) quien ofrece un amplio estudio de los paralelismos y las correlaciones de la obra. También CONCHA ZARDOYA resume así la significación de este aspecto: «La construcción del auto reposa sobre una base de correlación paralelística. La fluencia monomembre se quiebra en tantos brazos como personajes: cuando intervienen los Cinco Sentidos, la estructura correlativa-paralelística se hace pentamembre; cuando actúan las Cuatro Estaciones o los Cuatro Ecos se produce tetramente. Aparte de estas ordenaciones dramáticas hipoparatácticas, existen otras correlaciones y paralelismos en monólogos y diálogos» (p. 282).

[4] RENATA INNOCENTI, que ha estudiado «Il teatro di Miguel Hernández», *Lavori Ispanistici,* Università di Firenze, III, D'Anna, Mesina-Firenze, 1973, únicamente a través del auto y de *El labrador de más aire,* ha destacado la utilización por Hernández de algunos recursos literarios básicos, entre ellos las «figuras de repetición», que ejemplifica ampliamente. Sus conclusiones, tras detallada exposición, son acertadas: «Ma credo che quanto esposto sia sufficiente a provare che la lingua e lo stile dell'*auto,* non solo seguono, ma spesso anche esagerano le caratteristiche dello stile barocco» (p. 188).

sujeta está a nosotros tu criatura
y en vano te ejercitas para el vuelo:
por más que lo procura,
no puede desertar la tierra al cielo.

(P. III, f. a., e. II)

La reiteración de los mismos fonemas a lo largo de
todos los versos produce un efecto acústico repetitivo
paralelo al insistente contenido que al Deseo le interesa en este momento recalcar en tan dialéctico pasaje.

En este terreno de los complementos rítmicos y de
la musicalidad de las escenas, hay que destacar la gran
importancia que tienen las canciones paralelísticas intercaladas de hondo sabor tradicional y popular, que
Miguel Hernández conocía bien e introdujo en otras
de sus obras. Su fuerte sensación poética, su indudable musicalidad eran conocidas por Miguel que las
había visto igualmente intercaladas en el teatro de
Lope y en lo que ya conocía del teatro de su contemporáneo García Lorca.

Como hacen otros autores, Miguel utiliza dos procedimientos para la inclusión de este tipo de coplas
populares en su obra: poniéndolas en boca de uno de
sus personajes sin alterar ni interrumpir el desarrollo
de su obra o destacándolas en escena aparte y trans-
cribiéndolas en cursiva. De las tres que aparecen en el
auto, dejando a un lado seudo-canciones o pasajes lí-
rico-musicales, dos de ellas responden al tan tradicional tipo de canción de trabajo, una de siega y otra de
trilla, mientras que la tercera es una magnífica canción («cantada» por la pastora) de amor puesta, también siguiendo un conocido prototipo tradicional, en
labios de una mujer.

La canción de siega, que aparece en boca de La Voz
del Deseo, contiene un aire de maldición muy bíblico
y apropiado al sentido de la obra, pero ofrece una contextura formal inconfundible como canción de tipo
tradicional y relacionable con cuanto venimos diciendo del paralelismo como recurso musical. Si se observa su desarrollo, se verá cómo son numerosas las
anáforas, las repeticiones de frase total y de frase
con variaciones, y la insistencia en un ritmo peculiar,
inconfundible:

LA VOZ.

> Siega que te siega,
> que te segarás
> el pan de tu boca
> no se comerá.
>
> [...]
>
> ¡Que va a venir julio!
> ¡Siega de prisá!...
>
> ¡Siega, segador:
> tendrás un jornal!...
>
> ¡Siega que te siega,
> que te segarás!

(P. II, e. IV)

En esta canción se puede distinguir un motivo inicial que se ha de glosar —«Siega que te siega / que te segarás»— y que igual que lo comienza ha de cerrar el poema, mientras que en el de la Pastora, el motivo repetido es un seudo-estribillo —«Que estoy enamorada»— que se ha de reiterar en el interior del poema en forma inorgánica pero muy espontánea y efectiva. Son también destacables las repeticiones de versos con variaciones y nuevo desarrollo y la transcripción de una intensificación de fonemas vocálicos para insistir en el carácter cantado que ya había advertido en la acotación:

PASTORA.

> No hieles, viento, ahora,
> que se duerma mi cielo
> hasta el día de la aurora.
> No lo dejes de hielo.
> No lo dejes de hielooó...
> No lo dejes de hielooó...
> Que estoy enamorada
> de su mata de pelooó...

(P. II, e. VIII)

La bellísima canción concede al pasaje un importante contenido poético manifestado igualmente en el desarrollo temático de la misma y en la rica expresión de los sentimientos de la Pastora, captada en la actitud de velar el sueño del esposo. Sin embargo, la nota más definitivamente rica del poema la constituye el poderoso sentimiento de la naturaleza, expresado en el diálogo de la Pastora con el Viento y en la presencia de tan rico entorno natural.

La otra canción recogida en el auto está transcrita por el poeta en letra cursiva y ya en la acotación, sumamente plástica, se avisa su carácter y la exigencia de que se ha de realzar con el temblor producido por su canto al tiempo que se trilla. Reproducimos también la acotación, fundamental para captar el ambiente que el poeta pretende conseguir:

El Hombre, *los* Cinco sentidos *y el* Campesino (*trilladores*), *cantando en la faena y dentro. A algunos se les nota en la canción el temblor de los dientes de los trillos y su transcurso sobre la parva.*

Un sentido.

(El que sea.)

¡Aire, Santelmo, aire!
para la avienta,
que se lleve las pajas
a la pajera.
¡Aire, Señor!
que sin aire, las eras,
eras no son.

Otro sentido.

Que lo que va, se vaya
de vuelo pronto:
las granzas a las granzas
y el polvo al polvo.
Y que se queden
los granos: lo que vale,
lo que es de siempre.

Otro sentido.

Al aire, al aire, al aire
(riá, Segoviana).
Al aire, al aire, al aire
de la montaña.
Me voy al aire,
que está la tierra toda
llena de baches.

Otro sentido.

Molino: al que pregunte
qué es lo que hace
con los brazos cruzados,
di: ¡Espero al aire!
Al aire fino,
que viene por la Mancha
ya de camino.

Otro.

¡Lucera!, ¡Capitana!,
¡riá, más ligeras!,

> *que canta la cigarra*
> *y el sol canea.*
> *Y bajo el sol,*
> *el aire va buscando*
> *colocación.*

(P. III, f. post., e. I)

Como se ha leído, se trata de una canción de trilla, en la que también se canta la faena de la avienta. Consigue el poeta una ambientación perfecta con el paralelismo, que logra con sus efectos repetitivos recrear el ritmo tradicional, y puede decirse que, como en tantos poemas de Miguel Hernández, el gran protagonista de la canción es el viento, al igual que en la anterior. De cualquier modo, la canción parece tomada de la realidad y el hecho de que el autor la transcribiera en cursiva no deja de ser significativo. Lo importante es que, como tomada del natural, la canción respira toda la lozanía de lo espontáneo y la riqueza de un ambiente real vivido, directamente captado de su tierra, como puede percibirse en la forma de denominar a los animales o en la referencia geográfica al aire que viene de la Mancha.

La habilidad poética de Hernández y su experiencia y sentido nato del ritmo y de la musicalidad le inclinan también a usar como complementos rítmicos palabras, frases e incluso pasajes presididos por la riqueza de sonidos en los que trata de nuevo de evocar un determinado ambiente. Los resultados de la aliteración no pueden ser más efectivos, como en las palabras de la Virgen que transcribimos, en las que la reiteración de fonemas labiodental y lateral resulta apaciguadora y envolvente, impresión que quiere transmitir el poeta a través de un eufónico juego de palabras:

> Yo te guardo, yo te velo
> siempre en vela, siempre en vilo;
> yo tu sosiego vigilo
> con mi amor que va de vuelo.
> No vuelvas a la ribera;
> si quieres lilios tempranos,
> no es preciso que tus manos
> se distancien de mi vera.

(P. I, e. V)

A veces este tipo de recurso carece de la espontaneidad del anterior y procede de lo aprendido en los clásicos, como en este calambur que con sus sonidos sugiere una palabra nueva, en un juego barroco y un tanto ingenuo:

> DESEO.
>
> (*Al* HOMBRE.)
> (¡Alárgale la mano,
> como sobrino, es-tío, a este Verano!
> ¡Quédate sus objetos!)

(P. II, e. II)

Pero este tipo de recurso carece de importancia, aunque abunda en la obra, habida cuenta de los grandes efectos sonoro-plásticos realizados por el poeta con la participación de los Ecos en distintos pasajes del auto. Tales recursos, de indudable efectividad fónica y de clarísima intención rítmica, no tendrían un valor especial si no se quisiese, como es tan frecuente en Miguel Hernández, imitar la naturaleza, en una de sus más maravillosas fuerzas expresivas, los ecos [5]:

> DESEO.
>
> (*Entra seguido del* HOMBRE):
> Ahí vive el pastor.
> > (*Señala a la cueva.*)
>
> HOMBRE.
> > > ¿Ahí?
> ¿Está ahí?
> ECO 1.º
> > ¡Sí!
> ECO 2.º
> > > ¡Sí!
> ECO 3.º
> > > > ¡Sí!
> ECO 4.º
> > > > ¡Sí!
>
> ¡Qué poco espacio os separa!
> ECO 1.º
> ¡Para!

---

[5] CONCHA ZARDOYA destaca en «El mundo poético de Miguel Hernández» de los Ecos que éstos actúan primero en función de coro griego, para impedir el crimen del hombre; después se convierten en voces burlescas que repiten las risas amargas, y, por último, acompañando el llanto de la pastora. Tales funciones son para la autora de gran originalidad (p. 112).

Eco 2.º
   ¡Para!

Eco 3.º
     ¡Para!

Eco 4.º
       ¡Para!

Deseo.

      (*Le indica la hoz.*)

  Toma el acero potente.

Eco 1.º
 ¡Tente!

Eco 2.º
   ¡Tente!

Eco 3.º
     ¡Tente!

Eco 4.º
       ¡Tente!

         (P. II, e. IX)

Tal manera de recoger la capacidad expresiva de los ecos resulta evidentemente rítmica y productora de efectos acústicos apreciables que nada aportan, sin embargo, al contenido de la obra ni a su desarrollo. Podría decirse que aquí los Ecos son meros repetidores —como lo son al natural cuando se vocea ante ellos—, pero no siempre nuestro dramaturgo les atribuye esta función estricta, ya que bien pronto, inmediatamente, les va a conceder con sus repeticiones hábilmente modificadas un papel sugeridor fundamental para el desarrollo de la obra y eminentemente significativo:

Deseo.
 ¡Nada!: laderas que gimen.

Eco 1.º
 ¡Crimen!

Eco 2.º
   ¡Crimen!

Eco 3.º
     ¡Crimen!

Eco 4.º
       ¡Crimen!

Deseo.
 Anda: llama en la espelunca.

Eco 1.º
 ¡Nunca!

Eco 2.º
   ¡Nunca!
Eco 3.º
       ¡Nunca!
Eco 4.º
           ¡Nunca!
Deseo.
   Serán tuyos sus rebaños...
Eco 1.º
   ¡Daños!
Eco 2.º
       ¡Daños!
Eco 3.º
           ¡Daños!
Eco 4.º
               ¡Daños!
Deseo.
   Serás rico, serás fuerte...
Eco 1.º
   ¡Muerte!
Eco 2.º
       ¡Muerte!
Eco 3.º
           ¡Muerte!
Eco 4.º
               ¡Muerte!

(P. II, e. IX)

Pasaje que termina con un verso final de correlación y resumen tan típico del arte de Miguel en el auto y que aprende en los clásicos del Siglo de Oro:

Hombre.

¡Ay de mí! ¡Cómo me advierte
la pétrea repetición
que será tu promisión
crimen, nunca, daños, muerte!

No podemos acabar esta parte dedicada al aspecto fónico del auto sin aludir a la tendencia que en Miguel se observa hacia la verbosidad, hacia la acumulación de palabras en la argumentación dialéctica de algunos personajes, que, si bien pueden y deben ofrecernos interés como elaboración de un contenido que se expresa dentro de unas coordenadas de insistencia, también aportan un gran valor como acumulación fónica, en la que juegan un papel fundamental los para-

lelismos de estructuras sintácticas y de contenidos, lo
que, en cualquier caso, influye en el ritmo. Véase un
ejemplo extremo, el romance en el que el Amor explica al Hombre-Niño quiénes deben ser los Cinco Sentidos haciendo un particular alarde de verbosidad que
se traduce en un ritmo numerosas veces reiterativo a
lo largo de la obra:

> Cinco atribuciones son
> que le dio Dios a tu arcilla
> para que hagas uso de ellas
> cuando te sean precisas.
> Cinco espadas que te ayuden,
> cinco siervos que te sirvan,
> cinco canes que te guarden,
> cinco opiniones distintas,
> que convengan en lo mismo,
> si aquello mismo no opinan;
> que cataloguen las cosas
> en grandes, medias y mínimas,
> en blancas, rosas y verdes;
> coloradas y pajizas;
> en calientes y en templadas,
> en ardorosas y en frías;
> [...]

(P. I, e. VIII)

Obsérvese la cantidad ingente de cláusulas morfosintácticas similares que no hacen sino, con machaco-
na insistencia, venir una y otra vez sobre un mismo
sentido para reforzar la argumentación, que en este
caso sólo hemos transcrito fragmentariamente. Insistencia que, como venimos señalando, se contagia con
el ritmo e incluso con la propia selección de las palabras reiterando así significante —una serie de fonemas— y significado, aunque con dudoso éxito o
acierto:

> y hagan distinción de todo
> distintamente distintas.

Enumeraciones que al propio poeta llegaban a pesar como advierte, sin rubor, por boca de su personaje
principal en el siguiente diálogo:

> IVIERNO.
>
> Blanquísimos perfiles,
> casi sacramentales,
> de nevadas, de montes, de aficiones
> celestes, de vellones,

de nieblas, de cristales,
de espuma en la fuente sosegada,
de nubes...

HOMBRE.

¡Basta de enumeraciones
que hacen este total tan breve: nada!

(P. II, e. II)

La organización fónica nos lleva de esta manera
a planteamientos de problemas morfosintácticos que
ofrecen, en el auto sacramental, gran interés también
y nos demuestran hasta qué punto Miguel Hernández
manejaba un enriquecido lenguaje poético. Ya desde
la misma formación de las palabras, Miguel utiliza
con gran exuberancia un léxico escogido que, cuando
no le da de sí, amplía creando neologismos, tal y
como observamos en las famosas octavas del Deseo,
por recoger un pasaje en el que se advierte con amplitud este aspecto (P. I, e. IX): *interlunas, oriámbares,
sublunado*. También en otros lugares, (P. II, e. III)
eras *blanquirrubias,* podemos encontrar ejemplos de
una constante creación léxica a base de formulaciones
nuevas de palabras que, si bien no es excesivamente
acertada, sí revela un sentido estético, sobre todo en
la mezcla de brillantes cromatismos, como en los casos citados.

Tal riqueza puede compararse a la de los sustantivos y adjetivos que en la obra aparecen masiva y
acertadamente, con una gran capacidad de matización.
El manejo de estos últimos, con claras tendencias im-
presionistas, revela en el auto hernandiano cualidades
poéticas que conocemos por su poesía, con esa tendencia a la condensación expresiva o a la matización
cuidadosa en sus cualidades. Un ejemplo significativo
podría ser el pasaje en el que el Deseo se refiere a las
Cuatro Estaciones que trata —y logra— de definir
en un solo adjetivo. La ordenación, naturalmente, es
paralelística:

DESEO.

Esperad un instante;
tú, la estación nevada;
tú, la estación florida;
tú, la estación brillante;
tú, la estación henchida
de todo, todo al fin resuelto en nada.

(P. II, e. II)

Adjetivos que reflejan cualidades, acumulados en parecida relación a la de los que definen al Hombre-Niño cuando se descubre a sí mismo y «se contempla coqueto». En este caso son adjetivos tanto concretos como abstractos los que maneja Miguel con indudable sentido poético:

> No estoy mal; grandes ojos, frente buena,
> agraciada figura,
> alta sien, boca roja, tez morena.
> Sólo me da recelos
> de fealdad esta barba... ¡Sobran pelos!
> ¡Dime, Deseo, dime!
> ¿Cómo no llegué a ver, antes de ahora,
> mi persona sublime
> en el limpio reflejo?
>
> (P. II, e. I)

Otras veces, la adjetivación aprendida en los autores renacentistas nos recuerda por su belleza a Fray Luis o a San Juan de la Cruz como en estos bellos epítetos:

> PASTORA.
>
> ¡Asiéntate, Pastor!: estás cansado
> y estoy enamorada.
> Abrévente los aires elevados,
> la música callada.
>
> Aspira los olores del romero
> donde la abeja encuentra
> panales florecidos a lo cielo,
> dulcísimas faenas.
>
> (P. II, e. VIII)

Y, a veces, un solo adjetivo contiene en sí mismo toda la fuerza de un tema del que Miguel está convencido: la preferencia de la vida del campo, en la que radican los valores primarios como la autenticidad, la sinceridad y, en definitiva, la falta de maldad, la inocencia. Por eso, Amor utiliza ese solo adjetivo para llamar a la Inocencia:

> AMOR.
>
> ¡Amada
Inocencia campesina!
>
> (P. I, e. III)

La utilización con fines estéticos o rítmicos de otras clases de palabras se hace patente en el estilo de Her-

nández cuando realiza intensificaciones como la antes
transcrita del pronombre *tú,* cuyos resultados rítmicos
en combinación con los adjetivos hemos comentado.
Tal tipo de construcciones de utilización reiterada, de
similar clase de palabras, es constante en la obra y,
en ocasiones, tan efectiva como en estas palabras del
Hombre-Niño, en las que la utilización del pronombre
me obsesivamente revela la intensidad y subjetividad
de los sentimientos expresados por el personaje:

No sé; me dormí adormido
por tu dulce compañía,
y me desperté sin ti
y sin ti, Inocencia mía.
Cinco furias fueron mi alba;
cinco rabias, cinco iras,
acompañadas de un sexto
que las alienta e incita.
Me miraban cinco odios,
me gritaban cinco arpías,
me asfixian cinco volcanes
con vaharadas amarillas;
cinco víboras me rozan,
y de pie las cinco silban,
y me hacen probar las cinco
sus cinco colas de mirra.

(P. I, e. VIII)

Reiteración que otras veces se hace del conjunto pro-
nombre-verbo con una gran intensidad expresiva, sobre todo por la acumulación de verbos que, más que
dinamicidad, refleja amplitud de posibilidades de acción, como en este fragmento:

¡Que tiemble aquel que en su pecho
solo apetitos sustente!
¡Que tiemble aquel cuyo lecho
está de deseos hecho,
y duerme y no se arrepiente!

¡Que tiemble aquel que en la hoguera
se quema de sus pasiones;
el que en pecar persevera:
el que vive hasta que muera
de bajas inclinaciones!

(P. III, f. a., e. III)

Aunque casi siempre la acumulación de formas ver-
bales responde a la tradicional nota de dinamicidad,
de movimiento, que acertadamente transmite Miguel
Hernández en los consejos del Esposo al Hombre-
Niño del principio del auto:

Mueve por las hierbas, mueve
tu candor, tu fantasía,
tu ángel, tu paz, tu alegría,
que aún estás en posesión
de todo tu corazón,
y aún es tuyo todo el día.
Corre, acude a tus labores,
a tus quehaceres de nada;
allá abajo, en la cañada,
tus amigos los tenores
te silban.

(P. I, e. I)

El signo de la reiteración[6], que deviene en paralelismo, es el más representativo del auto sacramental
y la nota fundamental de su estilo desde el punto de
vista poético. En él vierte Miguel Hernández toda la
potencia de su capacidad como lírico, como persona
con sentido de la musicalidad. Las observaciones, en
este sentido, que hemos venido haciendo en cuanto a
adjetivos, pronombres o verbos, las podemos hacer
extensivas a lo largo de todo el auto a las cláusulas
morfosintácticas. Los resultados son sumamente estéticos como en estos fragmentos del principio, en
los que el Esposo define el Viento:

¡Cómo se inflama la nube
en posesión de su aliento:
alta paz, cano portento,
gloria lanar, luz querube!
¡Cómo viaja, cómo sube
el papel de la cometa,
delgadamente sujeta
a la tierra por un hilo;
cómo atiende, siempre en vilo,
su indicación la veleta!
Si el viento es brisa, las cosas
son apacibilidad;
y si el viento es tempestad
de viento, luchas furiosas.

(P. I, e. I)

Obsérvese que el paralelismo de construcciones es
múltiple, y tanto entre las tres oraciones exclamativas
y las dos condicionales con sus principales, como también dentro de cada una de ellas, se producen secuen-

6 RENATA INNOCENTI, op. cit., p. 186, ha distinguido en
el auto con terminología clásica las siguientes figuras de repetición que ha ejemplificado con detalle: aliteración, para-
nomasia, derivación, políptoton, anadiplosis y epanadiplosis.

cias similares como la triple enunciación de sustantivo-adjetivo fuertemente evocadora que aparece en los primeros versos.

A veces, este paralelismo de construcción sintáctica se desarrolla muy artísticamente entre dos personajes adquiriendo entonces un ritmo de canción sumamente grato. Así ocurre en el diálogo entre Esposo y Esposa sobre la creación de su hijo, el Hombre-Niño:

> Esposo.
>> Con un temor de amor y de grandeza
>> sembré en tu vientre mi hijo.
>
> Esposa.
>> Con un temor de amor, sobre tu siembra,
>> en mí fue concebido.
>
> Esposo.
>> Con un temor de hacerlo y de perderlo:
>> ¡con qué temor lo hice!
>
> Esposa.
>> ¡Con qué dolor de darlo y de tenerlo
>> te di lo que me diste!
>
> (P. I, e. II)

Tanto los efectos conseguidos por el paralelismo como por las variaciones del tema son muy significativos como reflejo del criterio artístico de Miguel Hernández, aunque no siempre, a lo largo del auto por lo menos, siguió esta pauta, ya que en otras ocasiones se atuvo a una sintaxis típicamente culterana, que o bien aparece esporádicamente, y tal hecho es lógico teniendo en cuenta que *Perito en lunas* estaba reciente, o bien de forma continuada como en las peculiares octavas del Deseo.

Véase, por ejemplo, este tipo de construcción con verbo al final de la oración:

> ¡Y sola el agua!, musical ahora,
> ceñidores de angustia,
> de peligros mortales, a su boca
> le brinda, le apresura.
>
> (P. I, e. II)

Y sobre todo esta octava, escogida como la más reveladora y significativa:

Espigas pronostican coberturas
¡en tanta pugna!, ¡en tanta unión de panes!:
presuntas de riqueza arquitectura
para enarcar con eras, con afanes.
El río, haciendo bruscos ademanes,
ministro de fomento de hermosuras,
jurados por error, conflictos crea
de ranas, que a su fuego acusan rea.

                                        (P. I, e. X)

No es difícil comentar este tipo de sintaxis que ya
nos había ofrecido el autor de *Perito en lunas,* y que
refleja la poética del hermetismo, bajo cuyo signo
Miguel ha ejercido un culteranismo tardío que se des-
peja en los tiempos en que escribe el auto, como ha señalado Agustín Sánchez Vidal[7]. Obsérvese la desorga-
nización del orden lógico de la frase que, con su complejidad, atenta directamente contra la comprensión
e inteligibilidad del texto.

Pasando a otro nivel del lenguaje poético, al mundo de los significados, hay que señalar en primer lugar lo que cualquier lector que se aproxime al auto
percibe en una primera lectura: su intenso valor simbólico, conseguido a base de un manejo masivo de la
metáfora, la alegoría y el símbolo. No cabe duda que
Hernández, cuando redactaba el auto, poseía ya una
muy gran experiencia en este terreno, conseguida y de-
mostrada sobre todo en *Perito en lunas* y aprendida
en los autores barrocos, como venimos señalando con
insistencia. En teoría, un auto sacramental se ofrece
como campo abonado ideal para desarrollar este tipo
de lenguaje, sobre todo atendiendo a la filiación barroca del género y a sus objetivos, pero más aún a su
necesaria e intrínseca característica de género alegórico. Justificar, por tanto, el lenguaje decididamente
metafórico del auto sacramental no es, por ello, difícil. Lo que sí es complicado, además de muy interesante, es intentar caracterizar esta tendencia metaforiza-
dora como producto de origen barroco. Miguel Hernández ya deja ver este regusto y querencia hacia el
barroquismo en numerosas paradojas y antítesis, de
signo conceptista, pero el amplio empleo de la metáfora en sus distintas formulaciones y construcciones
deja sentada la clara filiación barroca ya definitiva.

Paradojas que nos intentan, siguiendo nuestra tra-

---

7   AGUSTÍN SÁNCHEZ VIDAL: Op. cit., p. 8.

dición clásica, explicar los misterios del más allá, de lo inescrutable, para lo que el lenguaje humano no tiene facultades, y antítesis que nos quieren, por medio del contraste a veces hiperbólico, hacer sentir la grandeza, claridad o plenitud de una verdad.

Véanse, por ejemplo, los siguientes versos en los que el Hombre-Niño, al comienzo del auto, muestra su ignorancia, nota que le ha de caracterizar en toda su actuación. La presencia de los Cinco Sentidos hace al personaje realizar una serie de juegos de palabras típicamente conceptistas y paradójicos:

HOMBRE-NIÑO.

¿Quiénes son esos extraños
a los que no he conocido,
que dicen que me han servido
desde mis primeros años?
Unos penas y otros daños,
patentizan un portento
todos, que ya, sobre el viento
próximo a mi alrededor,
con temor y sin temor
presiento, siento y consiento.
¡Ay!; ¿qué me ha pasado a mí,
sin nada haberme pasado,
que me veo trastornado,
viéndome como me vi?
Dormido me quedé aquí
y aquí despierto ahora estoy;
y sin embargo, no soy,
sin poder dejar de ser,
el que esta mañana, ayer,
se metió en mañana, hoy.

(P. I, e. VII)

La acumulación de contrarios y de sinónimos, e incluso la explotación de una raíz reiterada con distintos prefijos, producen un contexto complejo, sin duda artificioso y presidido por la ley barroca del contraste [8]. El tono interrogativo, la insistencia en la oposición apariencia-realidad, dormido-despierto, que forzosamente nos vuelven a remitir a Calderón y a *La vida es sueño* y sus soliloquios, nos introducen en el am-

---

[8] En uno de sus inventarios realizados para demostrar el barroquismo del auto, RENATA INNOCENTI, op. cit., p. 184, ha hecho relación de las figuras de oposición utilizadas por Hernández, ejemplificándolas con generosidad: antítesis, antítesis de antigua tradición literaria, oxímoron.

biente adecuado, al servicio del cual está el lenguaje poético hernandiano en este momento.

Fragmentos como éste son harto frecuentes a lo largo de todo el auto. Véase otro ejemplo en el que el otoño enumera sus cualidades. El contexto no puede ser, del mismo modo, más paradójico, aunque ahora es la tendencia a la abstracción la que preside el juego de palabras:

> ¡Todo resuelto en todo y todo nada!
> la uva en la bodega, en los graneros,
> todo una nada, el trigo;
> todo una nada, libres, pasajeros,
> los nidos, la enramada;
> una nada de arrope todo el higo;
> una orza enmelada
> toda la miel; todas las hojas lodo;
> todo una nada, nada,
> todo una nada, ¡todo!
> Hasta a ti te cosecho
> la sangre aloque, viva y exaltada,
> y te aprieto y te exprimo
> el caliente racimo
> que te late en el pecho,
> de un soberano modo,
> con fuerza acompasada.
> ¡Todo una nada! ¡Todo!
>
> (P. II, e. II)

Como éstos podrían señalarse muchos ejemplos, sobre todo en la tercera parte, en la que se tiende de una manera especial al misticismo, tanto por exigencia argumental como por ser la que en el auto llevará toda la apoteosis eucarística como centro más significado. Hernández procura entonces acumular recursos que puedan crear el clima apetecido, para lo cual se inspira evidentemente en las poesías de nuestros místicos, especialmente en San Juan de la Cruz, uno de sus maestros tanto en este terreno como en el poético en general. Hay que destacar también en este punto la contribución del petrarquismo, que, con sus elementos constitutivos de una casuística amorosa, mantiene en esta obra de Hernández una vigencia inusitada. Véase este ejemplo procedente de la parte de los arrepentimientos y puesto en boca del Hombre, escogido entre otros varios como prueba de la confluencia de corrientes ya muy antiguas en nuestra literatura:

Hombre.

Estoy hace tiempo herido.

Bienherido estoy: me hirió
quien me hirió y se hirió, y quedé
tan bien malherido, que
no puedo curarme, no,
hasta que a su lado esté.

(P. III, f. p., e. VII)

La nota más definitiva del lenguaje poético hernandiano, sin embargo, en este auto es, como venimos
diciendo, la del manejo total de la metáfora y todos
aquellos recursos en los que el poeta trata de transmitir un simbolismo que, desde un punto de vista
técnico, es el fundamento del auto sacramental como
género.

Si hacemos un análisis de estructuras, advertimos
que Hernández utiliza desde la mera comparación, en
la que término real e imagen aparecen presentes y com-
parados, hasta la sustitución total de la realidad. Y esa
actitud afecta por igual a sustantivos, adjetivos o
verbos. Es muy destacable también la definitiva presencia de la naturaleza en todas las transposiciones
que Hernández realiza, y más concretamente el paisaje familiar, o el trabajo de labranza y pastoreo, tan
unido a su entorno infantil y juvenil. Por eso veremos
que todas las imágenes, metáforas, alegorías y símbolos en definitiva, se hallan presididos por el fuerte
sentimiento de la naturaleza.

Miguel Hernández en este terreno usa desde las
fórmulas más sencillas, como la mera comparación
muy expresiva. Así sucede en este fragmento en que
la luna sirve de elemento simbólico:

Estío.

Pues aguza
las márgenes de tu hoz
con la piedra rosa y brusca,
hasta dejar su menguante
más delgado que la luna.

(P. II, e. III)

Aunque a veces la artificiosidad puede entorpecer
una comparación, como en esta compleja formulación
del sencillo binomio petrarquista rostro de la pasto-
ra-aurora:

CARNE.

> Marido de mi vida:
> hay arriba del monte una pastora
> de cara conseguida
> sobre el mejor aspecto de la aurora.

(P. II, e. VII)

O en este otro fragmento en el que la identificación es total entre dos metáforas que aparecen com-
paradas. El texto además incide en lo paradójico,
como en tantos otros momentos de la obra:

CARNE.

> Yo quiero ser ilustre. Quiero alhajas
> de todos los matices;
> que mi cuerpo se cubra de esplendores,
> de peces como dagas,
> de luces linces, dagas como peces.

(P. II, e. VII)

Aunque la sencilla comparación no falta, como ésta
del hombre con el árbol que se disemina en numerosas metáforas y pronto se complica:

> Como un árbol que apunta y aún no es árbol...

(P. I, e. II)

Pero lo normal es la metáfora más directa, como la
que aparece en la primera línea del auto, en las primeras palabras de la acotación, aunque en esta ocasión utilice una formulación que será poco frecuente,
la de la aposición «término real: imagen»:

> *El Estado de las Inocencias*: *un campo de almen-
> dros y nieves.*

(P. I)

Aun así, el procedimiento más frecuente utilizado
es el de la identificación por medio de una copulativa
que aparece por todas partes y que está formada por
el verbo atributivo *ser*. Para este tipo de metaforización utiliza Hernández, como es su costumbre, elementos extraídos de la naturaleza, con una fuerte tendencia a la plasticidad, a fijar las imágenes de forma
pictórica. He aquí algún ejemplo de este tipo de
metáfora que sigue la fórmula de que «término real *es*
imagen»:

53

ESPOSO.

> ¿Por qué no?; si el que había de salvarse
> del invierno del agua
> era un niño, y un niño es una nave
> hecha de confianza.

(P. I, e. II)

Como se ve, en esta metaforización se pretende transmitir el sentido de inseguridad del que una nave puede ser prototipo, para lo cual se ofrecen presentes ambos términos. No siempre es así, sin embargo, porque en otras formulaciones, en las que el término real es el Hombre, éste figura sobrentendido. A pesar de todo, la plasticidad de la metáfora es evidente, como en este ejemplo en el que lo local, lo familiar, tiene gran influencia, ya que la imagen está tomada de una de las labores agropecuarias de su tierra:

> Duerme: muere, trabaja
> tu muerte: eres gusano,
> que durmiendo cultiva su mortaja
> sobre su verde catre valenciano.

(P. II, e. I)

Que más adelante repetirá con idéntica intención, muy acorde con el sentido de la parte segunda del auto. Tales advertencias son claramente relacionables con el espíritu barroco que preside toda la obra:

HOMBRE.

> Retenes son de seda las mortajas
> donde el gusano queda.

(P. II, e. VII)

En otras ocasiones, el sentido estético preside la evocación con un claro matiz moral de paz e inocencia vinculado al color blanco, en el que Hernández insistirá. Como siempre, las imágenes están tomadas de la naturaleza y su simbolismo es muy claro y tradicional:

> Y al verte de tal manera,
> troqué mi altitud serrana,
> donde la nieve es cordera
> y esta nieve pasajera,
> por tu tierra castellana.

(P. II, e. V)

Tipo de metáfora que, en ocasiones, aparece multiplicado:

> A una vida de altitud
> que me enfríe de verdad
> fuegos de la juventud,
> donde compaña y virtud
> nieve son y soledad.

> Donde la paz llana es,
> pena acordada la esquila,
> reina la blancura y res...
> ¡Ay! ¿Quién me cambia esta mies
> por aquella luz tranquila?

(P. II, e. VI)

Esta clase de metáforas sirve también al autor para sus explanaciones teológicas que condensa en una imagen igualmente identificada. En este caso son cuatro las que pretenden definir la divinidad:

> ESPOSO.

> Es el único acomodo
> que hallarás, bueno y sencillo,
> al fin; el Perfecto Anillo,
> el Sin-Por-Qués y el Por-Todo.

(P. I, e. I)

El sistema metafórico hernandiano cuenta también con otra fórmula de gran utilización, según la cual el término imaginario, el término simbólico, sustituye definitivamente al término real produciendo la metáfora absoluta, en la que lo plástico y, por tanto, lo estético tienen una fuerza extraordinaria. De nuevo son los elementos extraídos de la naturaleza los que sirven siempre para estas formulaciones. Algunas son de origen barroco y quieren captar la belleza, como en este caso, del sonido de un ruiseñor:

> Menea tu voz, menea
> la gracia de tu garganta,
> que tu oro libre en su oreja
> como una bendición caiga.

(P. I, e. IV)

O del agua de un río:

> Corre al frente del río,
> que no te arroye su furiosa plata
> y perezcas en él.

(P. II, e. VII)

Para ello se sirve de metales preciosos como el oro y la plata. A Góngora nos recuerdan la violencia y espectacularidad hiperbólica de otras metáforas como las conseguidas con la conversión en común de un nombre geográfico. Las connotaciones de éste —en los dos casos que ofrecemos— son claras: grandeza y mansedumbre e inocencia, con toda su carga emocional en el segundo de ellos de amor y de bondad, extraídas de su trascendencia evangélica:

> Me mandó mi soledad.
> La soledad de mi altura
> montés donde vivo y moro,
> pastor de la nieve pura.
> Yo te vi llegar, criatura,
> a este atlántico de oro.
>
> (P. II, e. IV)

> ¡Oíd, criaturas, oíd!:
> ya están las aguas dispuestas
> a limpiar la primer mancha
> en un jordán de inocencia.
>
> (P. III, f. a., e. II)

En otras ocasiones la metaforización, más tradicional y metafísica, incurre en el tópico literario, como en esta fácil identificación sueño-muerte, llevada, sin embargo, con soltura:

> ¿Tengo ya la sepultura
> en su sitio esperándome y abierta?
> Eso parece, cuando
> apenas de una muerte me despierto,
> que otra me está esperando,
> con sus cuatro ayudantes, quedamente.
>
> (P. II, e. II)

Lo que contrasta, en otras, muy enigmáticas, inventadas por el poeta, como esta triple metáfora de formulación más compleja y cuyo simbolismo no es de inmediata comprensión:

> DESEO.
>
> ¡Es tu sangre,
> que se redondea y brinca,
> ardiente composición
> de reloj, raíz y viña!
>
> (P. I, e. X)

En cualquier caso, el tipo de metáfora más frecuente de todos los utilizados por Hernández es aquel en que el término simbólico se fija en relación de dependencia con el término real, siguiendo la fórmula «imagen *de* término real» o viceversa. Ya hemos visto un ejemplo con la metáfora del jordán (de inocencia). De gran expresividad como es notorio, Miguel configura en este tipo de nuevo numerosas imágenes tomadas de la naturaleza, dándoles un sentido simbólico nuevo o tradicional, pero siempre afectivo.

Expresiones como «pañales de azucena» (P. I, e. II), «arco de dudas» (P. I, e. III), «sombra de estrella» (P. I, e. IV), «llaves de sus pestañas» (P. I, e. IV), «senos de topacio» (P. II, e. I), «voz de miel, de miera» (P. III, f. a., e. I), «río de pena» (P. III, f. a., e. I) nos hablan de la variedad y frecuencia con que se presenta este tipo de construcción que tanto embellece la obra de Hernández. Incluso, en alguna ocasión, la eficacia de este tipo de metáfora se ve aumentada al diseminarse los elementos que la componen. Obsérvese en los versos siguientes cómo el poeta atribuye a una misma imagen —nata— tres términos reales, lo que sin duda enriquece la expresividad:

> En este huerto, que el pecado alhaja
> de pomos seductores,
> tristemente risueño,
> para después del sueño
> le tengo ya previstos: a tu mano,
> un arma que amortigüe sus vigores;
> a tu frente, la nata
> del sudor, del pesar y de lo anciano;
> y a tus pies, una tierra tan ingrata,
> que labores exija a tus labores,
> mientras, cómitre, te ata
> a una vida forzada de rigores.

(P. II, e. I)

La capacidad de creación de la metáfora afecta no sólo al sustantivo, sino a otras clases de palabras, como, por ejemplo, al verbo, capaz de adoptar en su acción el valor de una metáfora. Véase, por ejemplo, estos versos del principio de la obra, en los que se quiere contagiar a un verbo el carácter fluyente de la barba del Deseo con el de su olor, por medio todo del verbo *manar,* que adquiere un valor efectivamente sinestésico:

INOCENCIA.

> ¿El Deseo tuuú? ¿Quién eres
> tú, Deseo, que me apartas
> de ti con el recio olor
> que con las barbas te mana?

(P. I, e. III)

Y más adelante:

> Yo a ti tampoco; aunque pasas
> de negro y de olor barbado,
> y a todo le desagradas.

(P. I, e. III)

La transmisión de una imagen a través del verbo acaba con el adjetivo *barbado,* atribuido definitivamente al olor. De tal manera existe la conexión metafórica entre uno y otro texto que el segundo no se entendería sin haber oído el primero previamente.

La creación de adjetivos metafóricos, de denso contenido, con brillantes connotaciones, tampoco está ausente en la obra, tal y como puede leerse al final de uno de los romances más bellos del auto:

> Con vocación de vuelo,
> ¡todo el mundo a las altas!
> ¡Todo el mundo salvado
> con voluntades pájaras!

(P. I, e. V)

La elaboración de la metáfora es a veces resultado de un proceso muy interesante que Miguel sigue con precisión y, en algunas ocasiones, tal proceso se deja ver con claridad en sus versos. Ejemplo de esta clase de preparación, que culmina en una metáfora del tipo que nos ocupa, es el siguiente:

> Y el cansancio me hace
> los ojos cerrar...
> Y la sed me abrasa...
> ¡Y tampoco hay
> por estos contornos
> fuente manantial,
> cántara de barro,
> río de cristal!...

(P. II, e. IV)

Como se observa, frente al motivo de la sed, van surgiendo posibles elementos mitigadores que experimentan un proceso de sublimación culminado en la metáfora del último verso.

Hasta tal punto es elaborada y cuidada la creación metafórica que lleva a cabo el autor en esta obra, que no resulta difícil advertir otros procedimientos reiterados en numerosas ocasiones y que revelan por un lado la perfección y capacidad de simbolización de Hernández, y por otro, su conciencia poética al escribir la obra, su superior criterio artístico, en el que mucho pesaba su conocimiento y respeto a la tradición literaria española.

Son muy destacables, por ejemplo, las constantes metáforas en acotaciones escénicas, que teóricamente el espectador no oye, sino que están dirigidas al escenógrafo, que no tendrá que inventar el símbolo, ya que el autor se lo facilita por medio de expresivas metáforas. Idéntica situación ofrece respecto a los personajes, a los lugares, etc., con una clara tendencia a la plasticidad, a la figuración estética basada en lo profusamente ornamental y alegórico.

Obsérvese, como ejemplo, esta acotación destacada por su grandiosidad y belleza:

> *Agita una campana sordo-muda, y al momento se pone el teatro celestial: cae del cielo, como una catarata escalonada, una escalera, ni de cristal ni de oro, de una materia inmaterial; la abarandan dos hileras de ángeles, y en ella aparece una Señora conocida tan solo de madera en los altares, que desciende hasta acariciar la frente serena del tierno adormido. Un lucero grande, como un Espíritu Santo, aletea plata, en pleno día, en la cumbre nevada de un almendro. El campo se virginiza de azucenas, que brindan por la llegada del Alba Mayor, empuñando su vaso blando, agobiado por el licor frío del relente.*

(P. I, e. V)

Ante la aparatosidad y grandeza de esta acotación, Ferrándiz Casares la ha relacionado, con razón, con el Misterio de Elche, evidente inspirador de este tipo de montaje[9]. Pero lo que nos interesa es la metaforización constante en todos los elementos que la componen.

La tendencia a la plasticidad es innata en Miguel

---

[9] JOSÉ FERRÁNDIZ CASARES: «Teatro de autores alicantinos», *Revista del Instituto de Estudios Alicantinos*, 3, 1970, p. 61.

y por ello llega a crear verdaderos símbolos [10] en la configuración de algunos de sus personajes, que no necesitan aclaración y explicación, por más que el poeta la ofrezca. Este también es uno de los rasgos más característicos, lo que revela una especie de ingenuidad literaria, definitoria de un Miguel atrevido pero no muy seguro de sí mismo. Véanse, a este respecto, las acotaciones referentes a estos personajes simbólicos, plastificados en un objeto:

> La INOCENCIA, y en seguida el DESEO. Luego el VIENTO, personaje accidental de esta VERDAD. Y cuando lo pida el verso, el AMOR. Hay un juego de apariencias: El DESEO parecerá un Chivo; la INOCENCIA irá de Espuma. El VIENTO de Cristal, y el AMOR, de Palmera Sola.
>
> (P. I, e. III)

Este «juego de apariencias» responde a una clara significación, de manera que cada personaje tiene sus connotaciones pertenecientes a una tradición culto-popular conocida [11]. Pero hay que exceptuar de esta regla a la Palmera, invención de Miguel Hernández, que la toma de su paisaje respondiendo a razones que el propio personaje dirá inmediatamente:

> INOCENCIA.
>
> ¡Qué Palmera Solitaria!
> ¡Qué olor a polen celeste!
>
> DESEO.
>
> ¿Tú eres el Amor?
>
> AMOR.
>
> Su estatua.
>
> DESEO.
>
> ¡Tan alta!

---

[10] Cfr. FERRÁNDIZ CASARES, que en «El teatro de Miguel Hernández», *Litoral* cit., explica el auto como una fusión original de lo abstracto y lo concreto frente a Calderón, por ejemplo, que a través de *La vida es sueño* (drama) enfrenta lo concreto a lo abstracto, mientras que en el auto del mismo título efectúa lo contrario (pp. 90-103).

[11] Cfr. PÉREZ MONTANER en «Notas sobre la evolución del teatro de Miguel Hernández», edic. Taurus cit., que señala entre las novedades del auto la «transformación de los simbólicos personajes en figuras humanas, aunque también simbólicas, que encarnan problemas de palpitante actualidad» (nueva dimensión de lo social, por ejemplo) (p. 280).

AMOR.

              Es mi voluntad
        subir y subir.

INOCENCIA.

              ¡Qué alta!

DESEO.

        ¡Tan áspera!

AMOR.

                  Por de fuera
        tengo la corteza áspera,
        pero por dedentro tengo
        tierna de palmito el alma.
        Glorifico lo que toco,
        de altura lo animo y gracia;
        y el que me lleva, llevando
        está la victoria en andas.
        [...]

        Muchos miran a mi altura,
        no por los bienes que guarda,
        sino por los que gotea,
        maná de mieles y pasta.
        ¡Bienaventurado aquel,
        que sin fijarse en mis ramas
        ni en mis frutos llegue a mí
        sólo por amor, por ansia
        de tenerme y de mirarme
        con enamorada rabia!

                                (P. I, e. III)

Similares explicaciones ha ofrecido también, un momento antes, la Inocencia, en uno de los textos poéticos más bellos del auto, ya que se lleva a cabo la presentación de los símbolos con una estructura interna paralelística, de las que Miguel hace gala constantemente en la obra. Pero la belleza interior del fragmento hay que destacarla también observando la presencia de unos símbolos dinámicos que van evolucionando conforme el personaje lo desea para su explicación. Varias metáforas definen la Inocencia: nieve, fuente, niño y lilio, y estas cuatro imágenes se convertirán en motivos poéticos capaces de degenerarse y de perderse, para lo que el autor ha buscado precisamente elementos de la naturaleza inestables, capaces de evolucionar. La visible correlación no inductiva sino deductiva, es decir, desarrollada a posteriori, concede al fragmento ese tono poético que destacábamos al principio. He aquí el comienzo de las palabras de la Inocencia:

> No sé
> qué es ser pura y qué es ser blanca.
> Sé que soy; que me produzco
> en cada vida encontrada,
> en cada almendro anteverde,
> en cada ola y en cada
> nieve, fuente, niño, lilio,
> como un reventón de plata.

(P. I, e. III)

El dramatismo conseguido por la acumulación de metáforas con un contenido activo nos conduce a la observación de un tema barroco, contemplado con característico ascetismo: el de la mutabilidad de las cosas y la pérdida de la inocencia, conseguido a base de fuertes contrastes, intensificado versos después por la insistencia del *apenas,* tan perceptible, tan significativo de fugacidad, de rapidez.

También aquí se ha producido, como en el texto anterior, un proceso de explicación del símbolo, de explicación del personaje, por medio de nuevas y reiteradas metáforas. Tales aclaraciones, al contener la justificación de la imagen poética, ponen de manifiesto el sentido estético del arte del joven dramaturgo, y, sobre todo, como venimos diciendo, su capacidad de desrealización y poetización de un ente abstracto, de un proceso vital como es el propio desarrollo del hombre en el mundo, centrado en esta ocasión en la materialización de unas virtudes que han de adornarlo hasta que las pierde.

Todo, naturalmente, va en función de la simbología que la obra precisa para su matización como auto sacramental necesariamente alegórico. El paso de la metáfora al símbolo, en el sentido tradicional e incluso religioso, es constante, y los montajes alegóricos a base de símbolos o metáforas parciales, que muchas veces no son sino las tradicionales sinécdoques, aparecen por doquier, sobre todo en la tercera parte del auto.

Véase este fragmento, del principio, en el que se evidencia cómo una agrupación de metáforas va desarrollando un símbolo de los establecidos hasta llegar a crear un **planteamiento** alegórico de la vida. Las palabras son del Esposo y se refieren, claro está, al Hombre-Niño:

> No; se va
> y míralo ¡qué derecho!
> Como un árbol que apunta y aún no es árbol,
>   y es tan sólo su afán
> de ser árbol del árbol; de ser alto,
>   de ser todo y ser más.
>
> Sin torceduras lúbricas de ramas,
>   sin pecados de frutos,
> sin favores de sombras regaladas:
>   ¡árbol solo! y desnudo.
>
> La dirección florida bajo el viento,
>   vástago de pureza;
> encomendado al cielo por el suelo,
>   por el cielo a la tierra.
>
> (P. I, e. I)

Las metáforas, al ir agrupadas, van formando la alegoría a través de la cual el personaje concibe la vida como un árbol, y todo, sustantivos, adjetivos y verbos, va realizado en función del árbol y su crecimiento. Incluso, alguna de estas metáforas responde a términos muy desgastados como, por ejemplo, en *vástago,* imagen bastante coloquial referida a los hijos.

En un mundo poético tan intensamente metaforizado no es difícil encontrar, junto a las metáforas creadas por Miguel, símbolos pertenecientes a nuestra tradición, al cristianismo o en general a nuestra propia cultura. Hemos visto ya cómo los personajes de la obra están concebidos bajo este prisma y hemos advertido cómo los formantes y la materialización de su realidad están en función de su representación simbólica. Así, esos personajes abstractos como el Deseo, el Amor, la Inocencia, se van combinando y mezclando a lo largo del auto con motivos de gran tradición, como la mariposa vacilante o la arpía serpiente (P. I., e. IV).

Hay que hacer referencia, de igual modo, a la carga simbólica que, en la obra, soportan los distintos elementos vegetales que aparecen, ya sea en abstracto el árbol, como hemos tenido ocasión de comentar, o directamente las diversas especies, cuyo simbolismo se ajusta también a criterios tradicionales. Así, las higueras, las vides. Otro tanto podría decirse de los colores, entre los que destaca el blanco —para la pureza y la inocencia—, el negro, el rojo, etc.

No falta, por extraño que pudiera parecer, el simbolismo político, cristalizado en las luchas de los Cinco Sentidos, que quieren protagonizar un movimiento social. Incluso, la presencia de la hoz puede considerarse premonitoria de los barruntos de la cuestión social que señala Sánchez Vidal [12]:

TOCAR.

> ¡Afilad
> vuestras armas! Tenemos
> que pedirle el jornal
> de la labor llevada
> a cabo en su heredad
> gratuitamente... Y... ¡bueno!,
> ¡ay de él si no lo da!

GUSTAR.

> Yo me he puesto dos filos
> ya sobre el paladar.

OÍR.

> Yo ya llevo en la oreja
> aguzado el puñal.

OLER.

> Yo tengo una hoz oculta
> debajo de un rosal.

MIRAR.

> Arriba de un manzano
> yo un azadón mortal.

> (P. I, e. VI)

Y, en efecto, próxima siempre a imágenes de violencia, la metáfora de la hoz y el martillo aparece en seguida asociada a una función social con un marcado simbolismo político:

OLER.

> Las hoces
> sirven para segar;
> pero yo he descubierto
> que sirven además
> para humillar cabezas.

MIRAR.

> Yo, que el fuego voraz,
> además de calor,
> la muerte a un bosque da.

---

[12] Vid. SÁNCHEZ VIDAL: *Miguel Hernández en la encrucijada,* cit., p. 17.

Oír.

> Yo, que el martillo doma
> huesos como el metal.

(P. I, e. VI)

Al final de la obra volverán a aparecer en un conocido pasaje donde ya figuran como símbolo establecido:

> Voy a la *Urreseté*
> a dar de todo esto cuenta:
> alimentaré los odios,
> movilizaré las fuerzas,
> hoz y martillo serán
> vuestra muerte y nuestro lema.

(P. III, f. i., e. III)

Lógicamente esta tendencia al simbolismo se hace continuada y muy intensa en la tercera parte de la obra, que soporta toda la alegoría religioso-eucarística, fundamental en este tipo de obras [13]. Véase, como ejemplo, la presentación alegórica de Cristo, en la que las metáforas de toda clase se enlazan para crear la imagen del Salvador. Entre ellas figuran, como es lógico, las pertenecientes a la tradición religioso-cristiana, a la que también corresponden las explicaciones contenidas en este texto, ejemplo fragmentario, escogido entre numerosos de esta parte:

La VOZ-DE-VERDAD.

> Criatura, ¡llega
> a lavarte los pecados
> en el río de la pena!
> El que te ha de redimir
> ¡míralo ya como albea!:
> plantel de heridas su cuerpo;
> su pecho, jarro de miera;
> su corazón, un racimo
> que tus maldades aprietan.
> En un vallado de espinas
> su frente cautiva lleva,
> y aunque se estrechan sus sienes,
> sus pensamientos se aumentan.

---

[13] Agustín Sánchez Vidal, op. cit., justifica los abundantes componentes culteranos y conceptistas porque «si en la religión hay zonas oscuras para la mente humana (los llamados misterios) ante los que sólo cabe la adhesión por la fe, la única forma de aludir a ellos es mediante rodeos conceptuales: es decir, por la metáfora, el símbolo y todos los grados del enigma» (p. 9).

Los clavos lo hacen esclavo,
por hacerte a ti de veras
señor. Lleva su costado.
igual que una fuente a cuestas.

(P. III, f. a., e. II)

Por supuesto, el simbolismo del auto llega a su culminación en el momento en que la Eucaristía es objeto
y centro del diálogo de los no menos simbólicos personajes. Así ocurre, entre otros, en el siguiente pasaje, destacado por su belleza:

BUEN LABRADOR.

Mi afán,
mi ilusión tan sólo es
el dar mi cuerpo en la mies,
el dar mi vida en el pan.
Mi carne y mi sangre van
a quedarse en la cosecha:
mas si me dejo maltrecha
mi vida en las lomas duras,
¿no es gozo ver mis criaturas
con el hambre satisfecha?

(P. III, f. i., e. V)

Y más adelante, en el momento de la Comunión, el
mismo personaje reitera el simbolismo que Hernández
en este momento cree, convencido en su religiosidad.
La lengua poética se enriquece con la imaginería mís-
tico-religiosa del pan y del trigo:

BUEN LABRADOR.

Así sirve de provecho;
hoy vengo yo enamorado
de renovar con mi arado
las llagas de aquel barbecho,
para el próximo septiembre
sembrar la avena y el trigo;
que ya el refrán dice, amigo,
Quien tenga trigo que siembre.

(*Saca un pan del pecho.*)

¿Quieres tú comer conmigo
de este trigo sanjuanero
y de este pan?... Es que quiero
sembrar, yo que tengo trigo.

(P. III, f. p., e. III)

Simbolismo, pues, llevado a su máxima expresión en
el que el misterio eucarístico adquiere de nuevo su

presencia por medio de la lengua poética de Miguel Hernández, que, en esta ocasión, se sirve de las metáforas y alegorías religiosas.

Este, el de la metáfora, el de la imagen, el de la alegoría, el del símbolo en definitiva, es el signo más destacado del auto sacramental, el que lo define y encuadra en una tradición que Hernández asume y reanima, aunque por ello crease un producto literario fuera de su tiempo, como hemos repetido.

La parte léxico-semántica de la obra, desde un punto de vista literario, que no estrictamente poético, no estaría estudiada en su totalidad si no hacemos referencia a una de las más características maneras de Hernández: la introducción de frases populares, modismos coloquiales, expresiones cotidianas y frases muy de la época, e incluso —según hemos tenido ocasión de ver en el último fragmento transcrito— refranes, que sorprenden en contexto tan metafórico y desrealizado como este del auto sacramental, en contraste con su presencia, más justificada quizá, en las otras obras dramáticas del autor.

Algunas de estas expresiones proceden de una constantemente reprimida tendencia a la llaneza expresiva, lo que no es óbice para que afloren expresiones espontáneas como éstas:

DESEO.
>   Ahora tú, criatura bella,
>   con satisfacción respira;
>   te libré de tus amigos,
>   tus enemigos, que diga.

(P. I, e. X)

MIRAR.
>   ¡Huyamos pronto,
>   que si nos cogen, nos pican!

(P. III, f. p., e. IV)

DESEO.
>   Pues aunque quiera el Amor,
>   no me sale a mí del alma,
>   digo, del cuerpo, y aquí
>   me he de ocultar.

(P. I, e. III)

DESEO.
>   El Deseo. A quedar
>   con Dios.

(P. I, e. VI)

67

Y que a veces aparecen también en las acotaciones por boca del propio autor:

> El Buen labrador, el Hombre, los Cinco sentidos y el Campesino *dormidos hasta que yo diga, y la Carne, que viene despavorida y con el vestido alado de lumbre.*
>
> (P. III, e. IV)

Otras expresiones responden asimismo al sentido de su tiempo y tienen las características del neologismo:

> *Hablan los Cinco sentidos en plan mitinero.*
>
> (P. II, e. VII)

En otras ocasiones proceden de un barbarismo extendido en el habla coloquial de los años treinta y que hoy día está pasado de moda:

> Oír.
> No se haga el *longui,* amigo.
>
> (P. I, e. VI)

En este sentido destacan habituales palabras formadas por otras que llegan a introducirse en el lenguaje coloquial:

> Bueno está; ¡sansacabó!
> Nadie me responda a mí.
>
> (P. II, e. IX)

> Y cuantimás, cuantimás
> lo miraba, más veía
> lo que verle no podía
> porque lo lleva detrás.
>
> (P. III, f. p., e. II)

Muchas de estas frases o palabras adquieren relieves de mal gusto, propios de la persona que, como Miguel, acostumbraba a ser malhablado. Lo curioso, y que quizá pueda tener algún significado, es que tales expresiones las pone en boca del Deseo o de los Cinco Sentidos, que se constituyen así en los personajes más malhablados de la obra. He aquí algunos ejemplos:

> Por detrás consentiréis
> que os den sin pedir licencia.
> Pero yo me vengaré
> de todos. ¡Venganza!, ¡ea!
> La revolución social
> he de armar en cuanto pueda.
>
> (P. III, f. i., e. II)

TOCAR.

> ¡Qué asunto más peregrino!,
> ¡demontre!

> (P. III, f. p., e. I)

Aunque en una ocasión encontramos este tipo de expresión en un personaje bien distinto:

BUEN LABRADOR.

> Porque a mí me da la gana
> y porque a ti te la doy.

> (P. III, f. i., e. V)

En este lugar hay que citar también las frases hechas, expresiones normales del habla cotidiana que a veces no son sino una glosa del refrán más conocido, como se ve en el caso de estos ejemplos. En el primero de ellos, se destaca la expresión de la general creencia de que novela sea sinónimo de invención o mentira:

DESEO.

> ¡Qué calumnia! ¡Qué novela!

> (P. III, f. a., e. II)

CARNE.

> ¡Es tan ancha Castilla,
> tan ancha y tan manchega!

> (P. II, e. VII)

BUEN LABRADOR.

> Ni el vino es vino, ni el pan
> es pan. ¿Siempre llamarán
> al pan, pan, y al vino, vino?

> (P. III, f. i., e. V)

Una vez realizado este análisis del auto de Hernández como obra poética, y aunque tratemos los problemas de significación, en cuanto propios de dramas, más adelante, no podemos terminar esta parte sin hacer referencia a una serie de temas poéticos que coinciden con los de su obra lírica y que definitivamente dan cuenta de la uniformidad del sentimiento del autor en esta época.

En primer lugar, hay que hacer hincapié, sin someter al lector a nueva ejemplificación, en la presencia firme y patente de un poderoso sentimiento de la naturaleza que, como venimos diciendo, Miguel asimila tanto en sus lecturas renacentistas y barrocas como en la observación directa de la misma.

Tan insistente es esta actitud, que no resulta difícil advertir su sentimiento del paisaje en las numerosas imágenes, metáforas y símbolos, que toma de flores, de frutos, de árboles. La presencia del viento, del agua, de los montes, de las fuentes, de los ganados y los pastores, la pobladísima, rica y artística ornamentación floral (azucenas, lirios, claveles, rosas, flor de almendro), la exuberante presencia de árboles frutales, de fruta dulce y sensual (manzanos, naranjas, granadas, moreras, higueras, palmeras, etc.), el detallismo en las labores agrícolas y ganaderas, la presencia de las abejas, del gusano de la seda, todo, en definitiva, no hace sino realzar este poderoso impulso vital de Miguel que, como tantas veces se ha señalado, es el mundo exaltado de su poesía [14].

En este sentido, podemos, con Juan Cano Ballesta, recordar la admiración del poeta por la grandeza de la fecundación humana y la generación del hijo, que en el auto aparece como rasgo precoz y precedente de una utilización masiva como tema poético en su obra lírica. El texto en cuestión interesa como reflejo de la exuberancia y fuerte impulso vital del autor [15]:

ESPOSO.
> Y en la soledad de amor, sobre seguro,
> un mundo quise hacerle.

> ¡Crear!, por recrear y recrearnos:
> tal fue mi pensamiento.
> Todo el que crea y siembra, es más que algo;
> es algo Dios, si menos.

> Y nutrí de creaciones nuestra nada,
> antes vacío solo;
> vacío acompañado hoy de parábolas:
> caos antes, ahora logro.

> Anticipé a su vida la del suelo.
> Y dije: Hágase el árbol.
> Y la palabra mía creó el objeto,
> de pronto, verde y alto.

(P. I, e. II)

---

[14] JUAN CANO BALLESTA: *La poesía de Miguel Hernández*, cit., p. 65.
[15] CONCHA ZARDOYA en «El mundo poético de Miguel Hernández», cit., destaca la originalidad de esta parte y la evidencia de «la pasión del poeta por el hijo y la gloria de sentirse padre-creador al engendrarlo» (p. 112).

Hay otros temas de gran fuerza en el auto y, como en cierto modo determinan el dramatismo de la obra, los veremos después. Pero su procedencia poética es evidente. Así el temor constante a la pérdida de la inocencia, tan bellamente concebida en la obra (P. I., e. I), la idea del desengaño que preside gran parte del principio del auto, con un gran sentido barroco reflejado en el contraste entre el pasado y el presente (P. I, e. II) o en el desprecio de las galas mundanas y las apariencias bellas, impreso en el motivo poético de la mariposa (P. I., e. IV). Tales formas de entender la acción proceden del sentido barroco que Miguel da a la obra, aspecto que se advierte del mismo modo en otros temas y motivos.

En este terreno, destacamos la presencia del conocimiento como medio de entender las cosas que el personaje principal percibe en el dolor de la mutación de lo terreno. El dolor, precisamente, como ha señalado Vicente Ramos [16], llega a ser la causa primigenia del conocimiento, como en estos versos se advierte:

> Dolor, dolor y dolor
> implica conocimiento.

(P. I., e. VII)

Muy interesante también es, desde el punto de vista del ascetismo de signo barroco que preside la obra, que, frente a momentos de exaltación desmedida, como el constituido por la presencia de la naturaleza, se aconseje el dominio, por medio de la razón, señalando su preeminencia sobre lo desbordado de los sentidos. Así ocurre en el siguiente fragmento:

> Para eso te dio Dios,
> además, esa luz íntima,
> esa razón, que ha de ser
> razón de ser de tu vida.
> Para que con mano dura
> pongas al Deseo bridas,
> que es potro que se desboca
> en cuanto ve en la campiña
> una carretera fácil
> con un lejos de mentiras.
> Para que por los senderos
> difíciles lo dirijas.
> ¿No es el dulzor de la rosa

---

[16]   VICENTE RAMOS: *Miguel Hernández,* cit., p. 234.

peor que el dolor de la espina,
que si te pone temor
pasión de pecar te quita?...

(P. I, e. VIII)

Frente a esta actitud, bien pronto aparecerá la contraria, la de la exaltación de la naturaleza reflejada en las famosas octavas del Deseo, precedidas de la tan sensual acotación:

Danza la CARNE *enloquecida y cambiante. Los* CINCO SENTIDOS *hacen burlas soeces al* HOMBRE-NIÑO *bajo la mirada de lobo satisfecho del* DESEO. *Los almendros, las nieves, las nubes, empiezan a llover su pureza simbólica con un estruendo temeroso. El Estado de las Inocencias se va tornando, entre esta escena y la final, en un paraíso vicioso de higueras, manzanos y toda clase de árboles sensuales.*

Ȳ termina con el definitivo triunfo de la naturaleza, culminando el riquísimo y expresivo bodegón que ha constituido la escena:

De punta en blanco armado, puro el lilio,
orinal del relente y sublunado,
faldones de organdíes saca el prado
entre las hierbabuenas de virgilio.
Se pronuncian las hojas en concilio,
y el áncora, si el hueso, de su estado,
muda en sombra el sostén —¡rama!— del higo,
moro plural que, al fin, vence a rodrigo.

(P. I, e. X)

Pero no es lógico que en un auto sacramental quede todo así, sino que pronto va a aparecer el sentido de la pobreza de la condición humana y el constante debate entre lo material y lo espiritual en el hombre, como ha señalado Vicente Ramos [17] refiriéndose a estos versos siguientes, en los que se percibe también un resignado determinismo, tema asimismo de origen seiscentista. A las afirmaciones de que el hombre sólo es tierra, sigue este parlamento del Hombre-Niño, ya conquistado por la naturaleza procaz:

¡Cómo evitar la embestida,
si al darme, padre, tu vida,
me diste tu condición!

---

[17]   VICENTE RAMOS: *Miguel Hernández,* cit., p. 231.

72

> ¡Cómo había de evitar
> la terrible inconveniencia
> de la que fui consecuencia,
> de la que me hizo alentar!
> ¡Cómo, si me diste par
> sangre a la tuya, su brío
> y su ardiente poderío,
> evitar lo inevitado!...
> ¡Padre, sobre tu pecado
> está concebido el mío!

(P. I, e. XII)

Y que culmina en la maldición final de esta parte.

Otros temas de la poesía barroca pueden encontrarse, por ejemplo la consideración del mundo engañador, que vemos reflejado en distintas partes, pero sobre todo en la Tercera, donde, como se sabe, se hace toda la reconsideración final de la vida y predomina lo ascético, centrado en la contemplación del misterio eucarístico, sobre lo puramente humano que vemos más intensamente en los otros dos. Allí descubrimos muchos temas de la poesía mística como son el desprecio de la vida, la búsqueda de una vida mejor y el deseo de una muerte que dé vida, sin duda heredado de San Juan de la Cruz. También el tema poético-religioso del camino más difícil, el de las espinas, tiene su presencia y su cristalización en versos como éstos, de indudable temple poético:

BUEN LABRADOR.

> Pero la senda es más mía.
> Calza esa estrechez en vía
> de anchuras más venturosas:
> empezando por las rosas
> a espinas vas a parar...
> Y ¡por fuerza te han de dar
> algún trabajo mis cosas!
> Algún difícil empleo
> donde contemple mejor,
> más evidente, el amor
> que en ti para mí ya veo.
> Ve por ahí: lo deseo.

(P. III, f. i., e. V)

La búsqueda de la inmortalidad, a través de la muerte, hará que el hombre, ya al final de la obra, la desee y exprese este sentimiento como lo haría un poeta místico, con toda clase de paradojas, tan barrocas, tan conceptistas, tan del gusto de Miguel, que

personaliza la oración de los versos que siguen en la
tan querida y grata para él, por viva y comprensible,
imagen del toro [18]:

HOMBRE.

¿Morir?... ¿Podré resistir
tamaño acontecimiento,
o moriré en el momento
en que me vaya a morir
de pena y de sentimiento?

[...]

A punto está la corrida:
y en el momento de verte,
toro negro, toro fuerte,
estoy queriendo la vida
y deseando la muerte.

(P. III, f. p., e. VI)

No es necesario ejemplificar más. El auto es una
obra poética concebida como tal aunque su destino
sea la escena. Y su autor, ante todo, se nos descubre
como un poeta que, cuando escribe el auto, comienza
a madurar, aunque todavía mantiene, frenando su
propia personalidad, un fuerte influjo barroco puramente libresco. En las obras siguientes, Miguel continuará la evolución que ahora ha comenzado en este
auto peculiar en el que la mutación espiritual del
hombre, que el mismo poeta experimenta en el terreno de lo literario, queda condensada en el casi enigmático título: *Quien te ha visto y quien te ve y som-*
bra de lo que eras.

---

[18]   Este episodio es resaltado por CONCHA ZARDOYA («El
mundo poético de Miguel Hernández», cit.) entre los más
originales. Vid., para conocer la significación de este tema,
ARTURO PÉREZ: «Lo táurico en la poesía de Miguel Hernández», *Journal of Spanish Studies. Twentieth Century*, 2, 1973.

74

II. El teatro social

En nuestro análisis del teatro hernandiano nos referimos ahora a dos dramas escritos entre 1934 y 1936, *Los hijos de la piedra* y *El labrador de más aire*. Uno y otro están muy influidos por Lope, lo que tiene gran importancia desde el punto de vista poético, desde la perspectiva de la creación lírica, que en tales obras, sobre todo en la segunda, es manifiesta, como tan cumplidamente han expresado Pérez Montaner y Lloyd K. Hulse, entre otros autores [1].

Las obras, por tanto, interesan en conjunto, aunque con radicales diferenciaciones como hemos de ver en detalle a lo largo del presente capítulo. En ambas se plantea un problema de honor popular, basado en el atropello por parte del poderoso de los intereses de

---

[1] J. Pérez Montaner: «Notas sobre la evolución del teatro de Miguel Hernández», *Miguel Hernández,* edic. Taurus cit., pp. 279 ss., y Lloyd K. Hulse: «La influencia de dos obras de Lope de Vega en *El labrador de más aire*», ibid., pp. 306 ss.

la clase baja, definitivamente en la obra de Miguel clase trabajadora. Hay en ambas revolución e intento de ruptura de ese yugo, si bien en distinta medida, y complicación con intentos de seducción y posesión de la protagonista por parte del poderoso.

Similares elementos, pero con desarrollo argumental diferente, nos ponen en contacto con problemas dramáticos que son de la predilección de nuestros clásicos, especialmente de Lope de Vega. El tema del honor, evidentemente más dramático que poético, trae consigo, y esto también es imitación del gran Lope, toda una fuerte corriente poética que afecta a las dos obras, pero especialmente a *El labrador*. No obstante, *Los hijos de la piedra* contiene, como se ha señalado, una cierta poetización, aunque quizá no tan intensa como se ha venido manifestando.

Lo cierto es que, comparada con *El labrador de más aire,* carece de su lirismo, de su alegría vital reflejada en la presencia de faenas y quehaceres campesinos, hasta que se desencadena el drama. El propio argumento facilita este sentido de la belleza que en *Los hijos de la piedra* está ausente. Incluso, la temática amorosa, que es fundamental en la segunda obra, en la primera, lo veremos con detalle, está tratada con menos profundidad. Más aún, podríamos asegurar que la rica influencia lopesca —lirismo, vitalidad, alegría hasta que se desencadena la tragedia— que percibimos en *El labrador de más aire,* en *Los hijos de la piedra* está mucho más reducida.

Hay, como el lector sabe muy bien, una diferencia técnica fundamental: que *Los hijos de la piedra* está está escrita en prosa frente a *El labrador de más aire,* que está compuesta en verso. Consideramos tal decisión como uno de los más claros errores que cometió Miguel al escribir *Los hijos de la piedra,* que, como se verá más adelante, también fue un fracaso dramático.

Volvemos a señalar que Hernández es ante todo un poeta y que, cuando su teatro naufraga —el auto por ejemplo—, permanece la poesía, como ocurre en *El labrador de más aire,* aunque ésta última tenga mayor calidad. Pero cuando la obra está escrita en prosa —definitivamente nuestro joven dramaturgo no fue prosista estricto, sino un prosista que sufría fuerte influencia de los esquemas versales en sus prosas [2]—, como ocurre en *Los hijos de la piedra,* ésta tiene todas las posibilidades de fracasar, por más que el poeta —versificador en el fondo— introdujera recursos típicamente poéticos en la prosa de su obra minera.

Este aspecto técnico nos conduce a hablar de otra diferencia entre ambas obras de la que ya algo hemos señalado: la radical distancia en la expresión poética del ambiente, del entorno, del escenario y de los personajes de las obras. *El labrador de más aire,* en este sentido, es una obra propiamente más poética, más lírica en concreto que la otra. No tenemos nada más que comparar el ambiente minero de una con el rural de la otra, y, sobre todo, no tenemos nada más que enfrentar los personajes de una con la otra para darnos cuenta del lirismo de los protagonistas, especialmente los femeninos, entre los que sobresale Encarnación.

Aun así, a pesar de estas diferencias esenciales, *Los hijos de la piedra* cuenta con suficientes elementos poéticos como para relacionarla con la otra obra lopesca. Pérez Montaner ha resumido así este esencial aspecto: «Desde el punto de vista estilístico se trata del primer drama en prosa de Miguel Hernández, pero, al igual que ocurre con las obras de García Lorca, el lirismo aflora en todas las situaciones dramáticas y estructura incluso los tres actos correspondientes al Verano, Otoño e Invierno. Esta estructuración temporal le permite, más aún que en su auto sacramental, la presentación en escena de las diversas faenas agrícolas, mineras y pastoriles» [3]. Pero de todo esto trataremos más adelante, ya que ahora sólo nos interesa destacar que contiene esos valores poéticos aunque en menor escala que *El labrador de más aire,* lo que nos permite agruparla a ella también en este terreno poético, además de en el dramático, con la que forma pareja por su temática social.

Las dos obras, cada una en su estilo, suponen en conjunto una gran evolución respecto al auto sacramental en todos los órdenes, ya que nuestro poeta

---

[2] Vid. Bruna Cinti: «Desdoblamiento y antítesis en la prosa hernandiana», edic. Taurus cit., pp. 316 ss., y Francisco Javier Díez de Revenga: «Miguel Hernández y el grupo murciano de la revista *Sudeste*», *Murgetana,* cit., p. 31.

[3] J. Pérez Montaner: art. cit., p. 282.

ha adquirido nuevos conocimientos y ha experimentado nuevas vivencias. Dejando a un lado estos últimos motivos que son, de por sí, sólidos y significativos, hemos de advertir también una gran renovación en el terreno de lo poético. Desde el punto de vista de la inspiración hay que considerarlo un discípulo de Lope de Vega hacia quien experimenta su estilo poético-teatral un importante giro, con abandono, ya definitivo, de la poética silogística de Calderón y del hermetismo gongorino que vimos utilizado masivamente en el auto. Hay que hablar también de desaparición de las evocaciones y conformaciones estilísticas renacentistas, sustituidas por una estética directa y, desde el punto de vista poético, lopesca.

Desaparece, por tanto, la poderosa presión de la erudición libresca que en el auto veíamos por todas partes, con lo que se posibilita la presencia del popularismo de Lope, se concede mayor entidad a los personajes y se dota a éstos de problemas cotidianos. Evidentemente, la desaparición del obligado simbolismo y la propia temática y contextura genérica de la obra, constituyen las notas que definen este nuevo teatro como distinto al anterior.

La apertura poética, la desaparición del hermetismo gongorino, se advierte también en el terreno del verso, ya que es evidente su simplificación en *El labrador de más aire* y no digamos en *Los hijos de la piedra,* en la que ya no se puede hablar de simplificación sino de desaparición, aunque algunos restos —canciones aisladas— quedan. El verso en *El labrador de más aire* es muy sencillo, como lo será en *Pastor de la muerte,* generalmente octosílabo y algunas veces hexasílabo, con desaparición de formas más cultas o complejas.

Todo funciona de este modo como una búsqueda por parte del poeta-dramaturgo de la autenticidad, que persiguen aun sin abandonar lo poético, los tan bellos y definitorios asomos líricos. Autenticidad que, por otra parte, exigen las nuevas inquietudes y los tiempos en que vive el poeta. Al aumento de la preocupación social, que había barruntado de forma muy esporádica en el auto, se sucede un abandono total de la preocupación religiosa, acorde con las nuevas fidelidades ideológicas de Miguel, como tan ampliamente tenemos visto.

Por todas estas razones, el análisis del lenguaje poético de tan significativa etapa no puede resultar ni tan amplio, ni tan preciso y detallista como el del auto, dado que se trata de un lenguaje más sencillo que, según decimos, busca la autenticidad y la verosimilitud.

La prosa es el procedimiento que utiliza el autor en *Los hijos de la piedra,* lo que a nuestro juicio constituyó un error, ya que Hernández nos deja una prosa de construcción nada artística, sin variedad apenas, aunque muy salpicada de metáforas que, en ocasiones, empeoran la limpieza de un estilo prosístico. Sin embargo, en *El labrador de más aire,* Miguel utiliza, y con gran acierto, el verso, al tiempo que crea un lenguaje poético similar en cuanto a intensidad de metáforas y símbolos, aunque con menor gracia o acierto, a lo que evidentemente contribuye la calidad temática del mismo. *El labrador,* por su parte, contiene una discreta polimetría con gran tendencia a la sencillez. Como muy bien señaló Concha Zardoya [4], «el drama contiene formas populares y cultas tradicionales, pero ni un endecasílabo, ni un solo soneto». Y, en efecto, junto a las décimas, quintillas y cuartetas, aparecen romances hexasílabos y octosílabos, seguidillas, etc Se trata, por tanto, de una polimetría relativa y encajada, sobre todo, en una uniformidad del arte menor, particularmente del octosílabo, que llega incluso a aparecer en unas ya insólitas coplas de pie quebrado.

En *Los hijos de la piedra,* a pesar de estar escrita en prosa, figuran, sin embargo, tres canciones de tipo tradicional que el autor incluye en determinados momentos de su obra. La primera de ellas responde al tipo de canción de trabajo y poetiza la actividad del leñador. El molde métrico es muy popular, ya que responde esencialmente al esquema de la seguidilla, hábilmente renovada por Miguel. La canción ocupa toda la escena y se divide en dos partes de gran efecto: comienza, en primer lugar, a oírse la voz del personaje que la canta, para terminar ya en escena, con lo que se da fin al acto primero:

---

[4] CONCHA ZARDOYA: art. cit. Gredos, p. 123.

*(Un momento el teatro solo. Se oye la voz del Leña-
dor que se acerca cantando.)*

Leñador.

De árbol en árbol
salta el leñador,
con el pico abierto
como el ruiseñor.
La canción del hacha,
como la del ave,
va de rama en rama.

(Entra cargado con un haz de ramas heridas y goteantes, y se sienta sobre una piedra librándose de la carga; prende la pipa con pedernales y fuma silencioso; se pasa la mano por el sudor, respira hondo, se echa otra vez el haz a las espaldas y se va cantando.)

Para echar al fuego
el frío peor,
del árbol de agosto
recojo calor.
Cuando la nevada,
todo son visitas
a mi corralada.

(A. I, f. p., e. VIII)

No vamos a insistir en las amplias posibilidades estéticas que contienen estas canciones dentro de la obra, aunque quizá su aislamiento del resto del texto, deja que desear en lo que a articulación del drama se refiere.

Mucho más ensamblada en el desarrollo de la obra y respondiendo con vivacidad al argumento es la bella canción de Vendimiadores y Vendimiadoras del acto segundo. Dos notas son definitorias de esta cancioncilla introducida: de un lado, su carácter alternado, evidentemente coral, y de otro, su interrupción para continuar la obra con su argumento y, al término del diálogo, reiniciar la canción para terminar la escena con ella. El modelo sigue siendo la seguidilla con bordón modificada por Hernández en la cantidad silábica. La canción, con un fuerte sentido amoroso y picaresco, reúne todo el donaire tradicional de este tipo de composiciones. La evidente estructura paralelística, con mudanzas y falso estribillo, es inconfundible y no precisa comentario:

VENDIMIADORES.

(*Cantando.*)

Si vas a la vendimia,
mi niña, sola,
volverás con la saya
de cualquier forma.
Y a pocos meses
te rondarán el talle
sandías verdes.

VENDIMIADORAS.

De la vendimia vengo
sola, mi niño,
con la saya ordenada
y el talle fino.
De la vendimia
vuelve revuelto el talle
que se malicia.

VENDIMIADORES.

A la vendimia, niñas
vendimiadoras.
A la vendimia, niña,
que ya es la hora.
¡Si vendimiara
el ramo de tu pecho
y el de tu cara!

[...]

VENDIMIADORES.

El sarmiento cornigacho
y el zarcillo serpentino,
amor, vino que fermenta,
cuando la vendimia piso.
Vino que fermenta,
el amor habita
dentro de mis venas.

VENDIMIADORAS.

Amor, pisando las uvas
entre cadenas de pámpanos,
me rogaste que pisara
tu corazón sazonado.
No escuché tu ruego,
pero la alegría
me rizaba el pecho.

(A. II, f. p., e. I)

También hay que citar la canción que figura en el
acto III, en la que Todos los mineros cantan al ritmo de las herramientas unas coplas paralelísticas a la
muerte de fuerte contenido emocional. La uniformi-

dad del hexasílabo y el característico paralelismo del
estribillo son significativos:

> ¡Muerte, muerte, muerte
> abierta en la frente
> de quien nos ha hecho
> desear la muerte!
> ¡Muerte, muerte, muerte
> para la cabeza
> de quien nos ha hecho
> malquerer la tierra!
> ¡Muerte, muerte, muerte
> contra el corazón
> de quien nos ha hecho
> bueyes de labor!
> ¡Muertes y más muertes,
> hachas, hoces, mazos
> sobre su cabeza
> vayan derramando!
> Para quien nos manda
> hambres, muertes, penas,
> muertes y más muertes:
> ¡Muera! ¡Muera! ¡Muera!

(A. III, f. i., e. VII)

La canción amorosa de corte tradicional es la que
predomina en *El labrador de más aire,* obra en la que
se hace muy difícil destacar, como en la anterior, una
canción y entresacarla del texto, del contexto en que
se produce. Se sabe que este tipo de intermedios líricos son muy frecuentes en la obra y, de hecho, vamos sólo ahora a comentar los que constituyen por sí
solos expresión independiente. Entre éstos, es obligado mencionar, en primer lugar, la canción de mayo que
Mozos y Mozas cantan en las fiestas en el acto primero. Su transcripción en cursiva (recuérdese lo que
a este respecto se dijo en el comentario del auto) es
significativa del deseo del poeta de resaltar la canción.

Como se advertirá, responde a un tipo muy frecuente de coplas con estribillo variable y carácter coral alternado entre voces masculinas y femeninas. El tema
—la tradicional maya— y la alegría de la escena en
que se desarrolla son manifiestos y reflejan la exaltación de la primavera a través de unas bellas imágenes
poéticas a las que se une la expresión del sentimiento
amoroso:

Mozos.

> Lo mismo que un olivo
> con una encina,
> me juntaré contigo,
> morena mía.
> ¡Mayo de olor,
> me mueven tus aires
> vientos de amor!

Mozas.

> Como la madreselva,
> florezco en mayo,
> y me crecen los ojos
> como los ramos.
> ¡Mayo de pan,
> como me altera el aire
> de mi galán!

Mozos.

> Por mirarte a los ojos
> estoy perdido
> que ni duermo ni labro
> ni hago otro oficio.
> ¡Mayo de mieles,
> no mirarla un momento
> me da la muerte!

Mozas.

> Una flecha de avena
> me has disparado.
> y me venzo de amores
> sobre un costado.
> ¡Mayo de nidos,
> una flecha de avena
> me ha malherido!

(A. I, c. II, e. I)

Junto a estas «mayas» que son géneros arquetípicos, y que Hernández como Lope de Vega introduce en su drama, hay en *El labrador de más aire* numerosos pasajes que, por su contextura poética, basada en estructuras repetitivas, y por su expresión del sentimiento amoroso, podemos justificadamente relacionar con un sentimiento de lo popular y con la poesía genérica de tipo tradicional. Aspecto éste en el que obligadamente debemos conectar a Hernández con el teatro de García Lorca, cuyas innovaciones asimila [5].

Citaríamos, como ejemplos de esta actitud característica, algunos de los monólogos de enamorada de

[5] Vid. RENATA INNOCENTI: op. cit., pp. 190-191.

Encarnación, como los que figuran en el acto I, cuadro I, escena III («Pocas flores, mayo, / diste a mi
vergel», en el que se ofrece un cuadro de la naturaleza de indudable valor estético), o en el acto II, cuadro II, escena I («Malaventurada soy, / ¡ay!, que
entre venturas malas», de sabor amargo y dolorido
por el desdén y la ignorancia del amado). Ambas canciones, perfectamente estructuradas dentro de la línea
argumental de la obra, pueden ser consideradas de
tono popularista ya que reúnen inconfundibles condi-
ciones, muy típicas del género: están puestas en boca
de una mujer, tienen un fuerte sentimiento de la naturaleza que se hace confidente de la desdicha de la
amada, observan una estructura paralelística interpre-
tada libremente por el poeta y contienen la expresión
de la inquietud amorosa [6].

Por ser muy interesante, desde el punto de vista
métrico, recogemos algunos fragmentos de la larga
canción ya señalada del acto II, debido a su estructura de coplas de pie quebrado manriqueñas que no vie-
nen mal a la ansiedad dolorida que expresa la muchacha:

> Malaventurada soy,
> ¡ay!, que entre venturas malas
> muero y vivo.
> Volar quisiera y estoy
> amarrada por las alas
> a un olivo.
> Mi vida es una condena
> y es un anhelar amargo
> de sabor.
> Largo amor y larga pena,
> larga nieve y fuego largo:
> largo amor.
> Por este amor que me embarga
> de cisternas y herrerías,
> fuego y nieve,
> es mi vida muerte larga
> unos días, y otros días
> vida breve.
> Tengo lengua y estoy muda,
> tengo voz y para nada,
> nadie suena.
>
> [...]

---

[6] Juan Cano Ballesta: *La poesía de Miguel Hernández*,
p. 144.

Mi frente siempre te lleva
dentro de su hirviente hueso
como un clavo.
Renueva pronto, renueva
mis dos labios con un beso
tuyo y bravo.
Devuélveme los colores,
que parezco una retama
de amarilla.
Que anden tus labios pastores
devorando como grama
mi mejilla.
Agráciame con tu amor,
que en amor sin compañero
me desgracio.
No tiene ningún sabor
sin ti la vida, y me muero
muy despacio.

(A. II, c. II, e. I)

La expresión de los sentimientos femeninos queda
así en la obra muy destacada y no sólo al poner en
boca de la protagonista estas canciones, más o menos
alegres pero siempre líricas, sino también en la intervención de las muchachas enamoradas (todas de la
apostura y gallardía de Juan), que a veces se disputan
con sus expresiones paralelísticas el ritmo o el sentido
estético de una canción, al tiempo que van expresando
sus sentimientos coincidentes. El tono de canción lírica nos parece evidente en estas quintillas comparti-
das por distintas mozas, poemas de los que sólo ofrecemos algún fragmento:

LUISA.

¿Quién vio a Juan?

TERESA.

¿Quién no lo vio?

RAFAELA.

Antes que nadie le vi,
por fortuna para mí.

BALTASARA.

Antes que tú le vi yo,
y aun antes le sonreí.

LUISA.

Todas miramos su brío
y a todas nos dio alegría.

[...]

LUISA.

Pisa tan recio que altera
el mundo al andar.

TERESA.

Yo sé
que donde pone su pie,
derretirse como cera
a las piedras se las ve.

(A. I, c. I, e. IV)

A este tipo de canción lírica, puesto en boca femenina con una amplia matización de sentimientos, hay
que allegar un texto que resulta fundamental para
entender hasta qué punto era poderosa la influencia
del poeta sobre el dramaturgo. En efecto, en *Los hijos
de la piedra* existe un monólogo de Retama (cuando
queda abandonada a los rigores del invierno) que podemos considerar como una prosificación de una canción de tipo tradicional, aunque en pureza se trate de
un texto en prosa fuertemente influido por los modos
de la canción popular. Así, descubrimos la insistencia
en un estribillo —«¡Ay, qué frío, qué frío!»— y la
presencia de heptasílabos y algún octosílabo demasiado
evidentes, mezclados con metros de menor cuantía
que funcionan como pie quebrado. Otras notas nos
hacen relacionarla con el sentido de lo popular, como
son las construcciones paralelísticas de secuencias similares y la presión de la naturaleza con su inclemen-
cia sobre el alma femenina:

RETAMA.

¡Ay, qué frío, qué frío! Son una sementera de
hielo mis huesos y mi corazón... Estoy a punto de
quedarme cuajada como un charco... ¡Ay, qué frío,
qué frío! No puedo con mi cuerpo, mis pies son
propios de la nieve. ¡Que salga pronto el sol! ¡Que
salga y rompa estos cordeles que atan mi sangre!
Si tuviera mi pastor a mi lado, no vendría el ivierno a darme este tormento. ¡Ay! ¿Por qué se lo lle-
varon de mis ojos? ¡Qué desgracia tan grande,
qué desamparo el mío sin su amparo!... ¡Ay, qué
frío, qué frío!... Y el sol no sale nunca, y las cabras se me hielan por esos eriales... Ayer una, hoy
otra, antiayer tres. [...] ¿Cuándo acabará de reinar
este tiempo que me agarrota los pulmones? ¡Ay,
qué frío, qué frío! ¡Ay de mis cabras que se mue-
ren hacia atrás una por una, faltas de pasto y de
la atención de aquella mano afectuosa! [...] No

puedo más... Siento la agonía llenándome de agua el corazón...

(A. III, f. a., e. II)

En relación con este tema, y referido a los problemas de conexión verso-prosa, hay que señalar la presencia, a veces muy notable, de estructuras versales dentro de la prosa de *Los hijos de la piedra*. No nos puede extrañar tal actitud cuando sabemos que las prosas de Miguel Hernández[7] se hallan presididas con frecuencia por un ritmo ajustado a perfectos esquemas versales de origen clásico.

Véase este ejemplo aislado en el que predominan endecasílabos y heptasílabos con algún alejandrino:

MUJER 2.ª

Seré de grama humilde cuando tú aparezcas en mi portal.

MUJER 3.ª

Te atenderé en mi mesa con el pan candeal más sazonado y el mantel más vistoso.

MUJER 4.ª

Besaré si es preciso donde tú vayas pisando y por mi boca sólo saldrán palabras de agradecimiento.

(A. II, f. a., e. III)

La presencia en la prosa de *Los hijos de la piedra* de otros recursos rítmicos, propios del verso, como son los parelelismos constantes, reafirman la presión de la capacidad de constructor de la poesía de Miguel sobre la esencialmente dramática.

Muchas veces, estos paralelismos de construcción se deben al propio funcionamiento teatral, ya que proceden de la presencia de un grupo de personajes (ordenados numéricamente) que pueden ser mineros o mujeres y que desarrollan sus respectivos parlamentos con idéntica estructura sintáctica y rítmica. Tal tipo de paralelismo ya había sido utilizado con generosidad por el autor en su auto sacramental. En *Los hijos de la piedra* el recurso desvirtúa la entereza de los personajes, defecto éste que se considera primordial en esta obra de Miguel.

Aunque los ejemplos podrían ser numerosos, sólo vamos a recordar uno de ellos que podemos tener

---

[7] Vid. artículos citados en n. 2.

por modélico y que aparece inmediatamente después de comenzar la obra. El aspecto rítmico queda fuertemente señalado, concediendo Miguel a los anónimos personajes un papel casi coral que se refuerza con las palabras finales que, como conclusión, aporta el Pastor:

MINERO 1.º
Trabajaré hasta que me queden brazos.

MINERO 2.º
Trabajaré hasta que deje de ser esta especie de roble que soy.

MINERO 3.º
Trabajaré hasta que se desaten debilitados los nudos de mi sangre.

MINERO 4.º
Trabajaré mientras mis espaldas resistan la caída de un pino.

MINERO 5.º
Trabajaré mientras el tiempo no me quite mis privilegios de león.

PASTOR.
Trabajaremos hasta que la vejez o la muerte nos digan basta.

(A. I, f. a., e. II)

La presencia de este recurso es, lógicamente, mucho más intensa en *El labrador de más aire* y figura en numerosos pasajes de la obra como complemento rítmico de gran expresividad, y no sólo en las canciones neopopulares ya recogidas, sino en aquellas otras que por su contextura podrían asimilarse a las de tipo tradicional. Valgan como ejemplo las ya recogidas y adviértase en ellas la permanencia de rasgos que el poeta había comenzado a utilizar en el auto y que perdurarán en su obra poética hasta el *Cancionero y romancero de ausencias,* donde la poesía paralelística hernandiana llega a su máximo esplendor [8].

Como accidentes del verso y de la expresión fónica de *El labrador de más aire,* son significativos los par-

---

[8] Cfr. FRANCISCO JAVIER DÍEZ DE REVENGA: «La poesía paralelística de Miguel Hernández», *Revista de Occidente,* 179, 1974.

lamentos en los que predomina lo narrativo, para lo cual Hernández, ajustándose a una línea clásica de nuestra comedia del Siglo de Oro, transforma el verso y la estrofa en un contexto rítmico de andadura lenta y reposada propia de la narración. Normalmente, Miguel utiliza para este fin las redondillas:

> GABRIEL.
>
> Porque sí;
> tiene un carácter muy fiero...
> Yo no le conozco, pero
> lo tengo entendido así. [...]
>
> (A. I, c. II, e. III)

El recuerdo de nuestro teatro clásico y sobre todo de Lope de Vega, que introducía largos parlamentos narrativos en sus obras, es obligado. La variedad y dinamicidad conseguidas con estos relatos son evidentes, aunque éstos se realicen con gran profusión de imágenes y metáforas. En el que ahora recogemos hay que destacar el lenguaje idealizado en el contexto de una narración muy mixtificada con efusiones líricas, que posiblemente son las que determinan la tendencia a la desrealización en estas palabras de Juan:

> Desde que la vi la adoro,
> y aún antes diría yo.
> El toro la echó en mis brazos,
> y por defenderla de él
> siento duros aletazos
> de hierro y fuego en la piel.
>
> [...]
>
> Mis manos, que en su figura
> puse, oí con avaricia,
> y un rumor de espuma oscura
> me quedó de su caricia.
> Encarnación, tengo gana
> de vivir bajo su aliento
> de espuma y de mejorana.
>
> (A. II, c. II, e. II)

Textos como éste se constituyen en modelos de la factura poética de la obra, ya que en él confluyen, además de lo narrativo —evidenciado también por la forma métrica del octosílabo—, lo lírico, y desde el punto de vista de la expresión del significado, su contextura de texto fuertemente metaforizado. Precisamente en el fragmento al que hacemos referencia, y en concreto en los versos, «se ha vuelto una primavera / de luz amorosa y clara», «provocó en ella un reguero / de luciérnagas brillantes» y «el cuerno se le encendía como una envidiosa hoguera», Juan Cano Ballesta ha destacado «la iluminación transfiguradora del fenómeno visionario, cuya técnica ya dominaba Miguel al componer este drama [...] El toro queda impregnado de irrealidad. El poeta contempla sus cuernos encendidos en hoguera, sin duda expresión visionaria de los celos y apasionado amor que también ardía en el alma de la fiera». Aunque ahora nos interesa destacar la intensidad dramática y lírica de este relato del enfrentamiento del hombre con el toro, es oportuna la opinión de Cano Ballesta que antes, en otro lugar de su libro, ha destacado la condición de rivales que Hernández concede al hombre y al toro, objeto nuevamente de las preferencias míticas del joven dramaturgo [9].

Partiendo de este texto de intensas metáforas acumuladas, de imágenes que tienen mucho de visionario y onírico, entramos en el mundo de la expresión del significado no sin antes señalar que en *El labrador de más aire,* como luego en *Pastor de la muerte,* los pasajes intensamente desrealizados son escasos, frente a lo que el poeta nos tiene habituados a través del auto sacramental. Tal consideración se hace extensiva, con mayor importancia, a *Los hijos de la piedra,* cuyo tema y estilo difiere de *El labrador de más aire,* como venimos señalando.

En efecto, asistimos en estas dos obras, pero particularmente en la segunda de ellas, al abandono y a la decadencia de la metáfora en el teatro de Miguel Hernández; por lo menos en relación con el auto, se distingue un sensible aligeramiento de la acumulación que en la obra sacramental existía. Ya señaló Concha Zardoya la importancia de este giro en la obra de Miguel, que, aunque nosotros podamos entender que se refiere a toda la etapa, Zardoya, por razones de organización de su comentario —no estudia *Los hijos de la piedra*—, atribuye a *El labrador de más aire* [10]:

[9] Juan Cano Ballesta: *La poesía de Miguel Hernández,* pp. 98 y 195-196.
[10] Concha Zardoya: art. cit. Gredos, p. 123.

«En este drama, Hernández rehúye toda metáfora rebuscada, todo virtuosismo neogongorino —todavía aparente en su auto—, todo conceptismo caldenoriano. Siente la profunda atracción del romance, fresco y sencillo, del metaforismo popular, directo como el agua o el rayo. Se aleja de lo barroco para ganar sobriedad o realismo, el cual, a veces, llega a extremos como éste, representado en los versos que recita Quintín:

> En los templados establos
> donde el amor huele a paja,
> a honrado estiércol y a leche,
> hay un estruendo de vacas
> que se enamoran a solas
> y a solas rumian y braman.
> Los toros de las dehesas
> las oyen dentro del agua
> y hunden con ira en la arena
> sus enamoradas astas.»

El texto escogido por Zardoya es muy representativo del espíritu de atemperamiento de la metáfora que preside toda esta obra, así como *Los hijos de la piedra,* aunque en ella perdura todavía el gusto por las intensificaciones y acumulaciones metafóricas que en *El labrador de más aire* no pasarán de ser fenómenos aislados.

De todas formas, el mundo metafórico hernandiano está presente, y sensiblemente evolucionado, en ambas obras, con una serie de matices y variaciones que nos revelan con claridad el interés de Miguel por este recurso expresivo y su indiscutible intuición poética.

Intuición que se revela en aquellos pasajes que hemos venido denominando de intensificación metafórica, y que en *Los hijos de la piedra* aparecen ya en la primera escena de la obra produciendo un inadecuado contexto, ya que expresión y tema se conjugan difícilmente:

MINERO 1.º

    Estaba deseando esta tregua. La piedra en que estoy sentado me parece lana.

MINERO 2.º

    Cualquier parte de la tierra es buen jergón para el cansancio.

MINERO 3.º

Me quito una corona de sudor y en seguida me
rodea otra la frente.

MINERO 4.º

El sudor es la cosecha que en más abundancia recogemos los hombres del trabajo.

MINERO 5.º

Y mucho más en este tiempo de chicharras. Hay
mejor bienestar dentro de las minas que fuera.

MINERO 1.º

Pues aún no hemos llegado a la mitad de junio.
Deja que pasen dos semanas y verás hervir el agua
de nieve y buscar las culebras acaloradas la humedad de los ríos.

(A. I, f. a., e. I)

Como se ve, metáforas e imágenes en la refinada expresión de unos mineros anónimos dan comienzo a
la obra con referencias a lo duro del trabajo que va
a ser precisamente el centro temático de todo el drama. Referencias que contienen un especial e inverosímil sentido estético reflejado en este pre-verano que
se anuncia en un temprano calor.

Pasajes como éste definen el nuevo gusto de Miguel por presentar la metáfora con suavidad, envuel-
ta en un comprensible contexto argumental o dramático, muy refinado y cuidadoso. Si escogemos otro
texto significativo, también del primer acto, veremos
cómo metáforas y perífrasis —el otro recurso expresivo preferido en *Los hijos de la piedra*— crean un
lenguaje poético que llega a contener una singular
plasticidad y belleza como en la imagen del Leñador,
dibujado como un rayo. Con referencia a la perífrasis, hay que señalar su indudable predominio en muchos de los pasajes poéticos de las dos obras. Estamos viendo ejemplos tanto de una como de otra, en
los que el poeta crea una nueva y bella realidad desarrollada para señalar algo que ya conocemos o que
nos permiten intuir los datos que nos ofrece. Ambos
recursos, metáfora y perífrasis, están presentes en el
siguiente texto, un expresivo diálogo en que Pastor
y Leñador admiran sus cualidades e intercambian elogios:

LEÑADOR.

Desde que tengo brazo para levantar el hacha, estoy colgando a golpes mi vida de las ramas y los troncos.

PASTOR.

Desde que tengo uso de razón estoy subido en el monte, y mi cuerpo conoce a maravilla sus porrazos.

LEÑADOR.

Tú tienes los ojos como nadie avezados a ver en medio de la sombra y en lo lejano.

PASTOR.

Si me alabas, te alabo: ningún brazo como el tuyo puede expresar mejor el gesto del rayo.

LEÑADOR.

Tú conoces dónde ha pisado el lobo y en qué lugar del monte se juntan los vientos, los ecos y las zorras.

PASTOR.

Amasada está tu fuerza con el rumor del trueno y la firmeza del hachazo.

LEÑADOR.

Se apoderan tus manos de la sangre de las estrellas cuando ordeñas, y a la piedra le nacen alas y silbos cuando la encunas en la honda de educar el ganado.

(A. I, f. a., e. III)

Estos efectos, conseguidos con el lenguaje poético continuado que hemos visto en el fragmento anterior, adquieren en *El labrador de más aire* un más perfecto y moderado sentido en el manejo de la metáfora, que descubrimos a lo largo de toda la obra con gran espíritu de verosimilitud y realismo, como señala Concha Zardoya [11]. Si observamos algún pasaje en que aparece la metáfora, ésta contiene en su aislamiento un sentido moderado de referencia, de impresión momentánea, de indudable eficacia estética. Así ocurre, por ejemplo, en esta conversación de Mozos y Mozas, tras el baile y canto de la maya que antes hemos reproducido:

---

[11] CONCHA ZARDOYA: art. cit. Gredos, p. 123.

LUISA.

    Tengo cansados los pies.

TERESA.

    Tengo ronca la garganta.

RAFAELA.

    A mí me duelen los brazos.

BALTASARA.

    A mí me duele la espalda.

JUAN.

    No es preciso que te quejes
    para llevar mi mirada,
    Luisa, a los puntos del suelo
    donde se pone tu planta.

ROQUE.

    Ya sé, Teresa, que tienes
    un cuello como una garza.

LORENZO.

    Rafaela, sé hace tiempo
    que tus manos son de plata.

LÁZARO.

    No ignora nadie lo fino
    de tu talle, Baltasara.

ALONSO.

    Mozas, no me habéis mirado
    en toda la tarde nada.
    ¿Es que sólo los gallardos
    disfrutan de las gallardas?

                (A. I, c. II, e. I)

Si pasamos al análisis interno de la metáfora, hemos de señalar su calidad y oportunidad, así como la de las imágenes o comparaciones. Tales notas son sobre todo perceptibles en *El labrador de más aire,* donde, como ha señalado Cano Ballesta [12], descubrimos bellas imágenes que se relacionan con las aparecidas en su obra poética, de gran calidad, según es generalmente reconocido. Véase, por ejemplo, esta escena, en la que el poeta llega a jugar con el reflejo como fuente de imágenes, tema y motivos presentes en su obra lírica:

---

[12] JUAN CANO BALLESTA: *La poesía de Miguel Hernández,* p. 139.

LUISA.

El agua pone a mi cara
unos tornasoles verdes,
una guirnalda de algas
y un temblor resplandeciente.
Prima de la luz parezco,
y mis cabellos parecen
veneros de plata oscura,
chorros de metal perenne.
Es de cogollos de vidrio
mi cuerpo y casi celeste,
mi piel de escarcha rizada,
de estrella lanar mi especie.
Son mis ojos oro tierno,
oro tierno son mis sienes
y espuma suspiradora
mi garganta de relente.
El movimiento del agua
me recoge y me distiende,
y plegada y desplegada
en sus columpios me mece.
A través de su color,
entre empañado y luciente,
me veo como grabada
en un diamante de nieve
y como helada en un mármol
que se marcha y que se mueve.

(A. II, c. III, e. IV)

También hay que señalar, siguiendo igualmente a Juan Cano, que las metáforas utilizadas para la descripción de la belleza femenina son de extracción clásica española, influencia perceptible también en su obra lírica de este tiempo [13].

Volviendo a *Los hijos de la piedra,* es interesante advertir que en esta obra las metáforas llegan a revestir un carácter expresionista no exento de violencia, de esa violencia que en cierto modo caracteriza todo el drama y conduce al fatal desenlace. Pero lo cierto es que algunas imágenes, de las que escogemos ejemplos aislados, contienen esta vehemencia expresiva. Así, cuando un minero comunica la muerte del buen señor, que en esencia va a significar el comienzo de la tragedia colectiva:

MINERO 6.º

Don Pedro ha muerto como un relámpago. Vivo volvía en su caballo de los trigos y cadáver ha entrado en el pueblo en su caballo.

(A. I, f. a., e. IV)

---

[13] JUAN CANO BALLESTA: *La poesía de Miguel Hernández,* p. 142

O cuando la amenaza surge en boca del Señor frente al Pastor:

> SEÑOR.
>
>> Córtale alas a tu lengua, no le des tanto vuelo, porque caerás para siempre de estos picos donde tan soberbio vives.
>
>> (A. I, f. p., e. VI)

O en la dolorida queja del Minero que mantiene una huelga de hambre:

>> ¡Cama! Me duelen los huesos de los ojos.
>
>> (A. II, f. a., e. I)

En otras ocasiones se persigue un efecto estético que se logra, como en este metafórico verbo que obtiene un plástico resultado. El personaje contesta a la pregunta de su Señor sobre si ha visto al Pastor:

> CAPATAZ.
>
>> Sí; hace dos horas blanqueaba por el barranco de los Baladres. Ahora está seguramente por la otra punta del monte. Como volverá después del lucero, espéralo aquí por donde forzosamente ha de pasar.
>
>> (A. I, f. p., e. V)

No siempre Miguel es tan acertado en sus metáforas, ya que son muchas las ocasiones en que recurre, en ambas obras, a imágenes manidas, tan utilizadas por la tradición literaria que llegan a ser tópicos.

Véase, como ejemplo, estas tres ocasiones que en una y otra obra suponen el manejo de metonimia tan trivial como *corazón.* Así, en *Los hijos de la piedra,* en la que figura seguida de una metáfora también desgastada: *pedernales.*

> MINERO 3.º
>
>> ¡Cuánto echo de menos a don Pedro, aquel hombre tan verdadero! Se ha muerto para dar paso a un corazón de pedernales.
>
>> (A. I, f. p., e. I)

En *El labrador de más aire,* también acompañada de una brusca metáfora y su subsiguiente desarrollo en una segunda, *arado,* de difícil concreción:

TERESA.

> Inclínalo hacia este lado,
> que en él tengo un corazón
> de tierra para su arado.

(A. I, c. I, e. I)

O en el diálogo de Juan con Encarnación donde la desgastada metonimia aparece acompañada de otras metáforas conocidas (casi simbólicas) como *sendero,* o sumamente originales y expresivas como *cuchillos de hielo:*

JUAN.

> Volverme loco quisiera,
> para que así, sin razón,
> ni sintiera ni supiera
> qué pasa en mi corazón.

ENCARNACIÓN.

> No sabes qué desanhelo
> acabas de darme, Juan,
> ni qué cuchillos de hielo
> vienen a mi alma y van.
> ¿Por qué te has enamorado,
> primo mío, de Isabel?

JUAN.

> Mi corazón se ha enterado:
> entra y pregúntale a él.
> Yo no te podré explicar.
> por qué entré en este sendero
> que fatalmente he de andar,
> y sólo sé que la quiero.

(A. II, c. II, e. II)

Estas imágenes tan conocidas a veces aparecen intensificadas, como en los dos fragmentos siguientes, en los que por boca de Juan se realiza una defensa del valor apoyándose en símbolos como *cordero, balido, rey, buey, rebaño, león, cadena* y *pan. Corazón* como metonimia repetida vuelve a aparecer:

> No admito, amigos, ni quiero
> ese consejo prudente.
> Paciencia la suficiente,
> pero no la del cordero.
> Aborrezco por entero
> esa clase de paciencia:
> me da rabia una existencia
> apoyada en el balido.

97

Pido más pasión y pido
más vehemencia, más vehemencia.
No puedo aceptar un daño,
aunque me llegue del rey,
ni con corazón de buey
ni con alma de rebaño.
No soy ni fiero ni huraño;
pero sé en mi corazón
que a sufrir la humillación,
el golpe y el atropello,
prefiere mi vida el sello
de la actitud del león.

[...]

Contra un poder tan tirano
que sólo el daño apetece,
el hombre que es hombre crece
por el alma y por la mano.
Merece un nombre villano
quien, por cobarde temor,
de un dolor mucho mayor
que el que al presente le apena,
se conforma en su cadena
y se duerme en su dolor.
La boca siempre anda escasa
de pan en este lugar,
y no se puede pasar
más hambre de el que se pasa.

(A. II, c. I, e. II)

Algunas de estas metáforas resultan bastante des-
gastadas e incluso populares, de manera que han llegado a convertirse en fósiles y su presencia en el habla coloquial es frecuente. He aquí un ejemplo de dos
grados de coloquialización, escogidos entre otros muchos en *Los hijos de la piedra*:

RETAMA.

¡Pastor mío! ¡Sálvame de este grupo de alimañas!

(A. I, f. p., e. VI)

SEÑOR.

No puedo tener a mi servicio hombres que hacen
el oficio de las mantas: estar tumbados siempre.

(A. I, f. p., e. II)

Como ocurrió en el auto sacramental, en *Los hijos
de la piedra* las acotaciones, que son extensas en algunos casos, aparecen también plagadas de metáforas.
Tal fenómeno no tiene lugar, ni siquiera con mediana

intensidad, en *El labrador de más aire,* pero en la obra que le precede llega como en el auto a ser verdaderamente característico. El mismo anhelo de una plastificación de complejos escenarios que veíamos en la obra sacramental, lo reencontramos en la de los mineros. Véanse dos ejemplos en los que los efectos son evocados a través de metáforas singulares:

> *Se van yendo. El plenilunio sube al monte sembrándolo de cuarzos y carne de palmera. Encima de una peña, proyectados contra la luna, surgen una cabra y un chivo requiriéndola a grandes balidos y querellas, hasta caer enlazado sobre ella impetuosamente. Se oyen las esquilas lluviosas. Aparece el ganado, que se va recogiendo en majada para rumiar y dormir.*
>
> (A. I, f. a., e. VII)

> *Se acentúa el furor del trabajo, y sólo se oye la conversación de los martillos, picos, azadas y barrenas, por un buen rato. Suena el reloj del pueblo.*
>
> (A. I, f. p., e. III)

La plasticidad de los elementos evocados se realza sólidamente con la multiplicidad de sonidos que el poeta sugiere con indudable intencionalidad. Muchas de estas metáforas, por otro lado, están tomadas de la naturaleza, con lo que nuestro autor consigue una frescura y una lozanía realmente significativas frente a la falta de originalidad o acierto que advertimos en otras ocasiones. Los ejemplos son numerosos y todavía tendremos oportunidad de hablar de ellos cuando nos refiramos a la importancia que la naturaleza tiene en la obra de Miguel, particularmente en la segunda de las dos que ahora nos ocupan. De ella, de *El labrador de más aire,* recogemos un alegre diálogo en el que, de manera paralelística, las Mozas enamoradas de Juan van expresando en metáforas lo que para ellas supone estar sin el gallardo labrador. La intuición estética de Miguel le hace crear un muy poético fragmento en el que tienen gran importancia las imágenes que, al final, quedan recogidas en un verso resumen de la correlación, de resultados estéticos muy eficaces:

> TODAS.
>
> ¡Ay, sin Juan!
>
> BALTASARA.
>
> ¡Sin Juan soy desde esta tarde

vino perdido en la gleba,
y no tendré amarga prueba,
ni bodega que me guarde
ni viñador que me beba!

LUISA.

¡Sin Juan soy tierra baldía!

TERESA.

¡Sin Juan soy campo sin flor!

RAFAELA.

¡Y soy fruto sin sabor
y sin dueño!

BALTASARA.

¡Ay vida mía,
que te has aireado de amor!

LUISA.

¡Sin Juan seré paladar
estragado eternamente!

TERESA.

¡Seré corona sin frente!

RAFAELA.

¡Sirena seré sin mar!

BALTASARA.

¡Seré sediento sin fuente!

LUISA.

¡Seré molino sin viento!

TERESA.

¡Viento seré sin destino!

RAFAELA.

¡Seré polvo sin camino!

BALTASARA.

¡Corazón sin movimiento;
viento, polvo, pena, vino!

(A. I, c. I, e. IV)

Como se observa, al final vuelve a aparecer la insistente imagen del *corazón* que todavía descubriremos en otros pasajes. Algunos tan bellos como la elegía final de Encarnación que, a raíz de la muerte de Juan, aparece en el acto tercero. En ella, la joven protagonista lanza un dolorido lamento en el que las metáforas agrestes, como ha señalado Cano Ballesta, cuadran con los personajes y se destacan por su sencillez, al mismo tiempo que por su intensidad y acierto [14]. A propósito de este bello poema puesto en boca de Encarnación, Vicente Ramos ha destacado, entre las inquietudes de Miguel, su sentido del júbilo de la naturaleza que pronto queda trocado en nada [15]. La calidad de las imágenes que en ambos casos ha suscitado los comentarios de estos dos estudiosos hernandianos es definitiva y desarrolla un encendido dramatismo con el que la obra llega a su final. He aquí un fragmento revelador recogido de la extensa elegía:

> La muerte de sombra fiera
> me sustituye en tu cama.
> Mi gusto esperaba miera
> y le han traído retama.
> De un tajo has quedado en paz,
> y de otro tajo, amor mío,
> cayó tu cuerpo hecho un haz
> y tu corazón un río.
> Ya se te quiebra el color:
> ¿dará tu boca, de pana
> para besar, el hedor
> de cuanto el tiempo agusana?
> Montón de airosa hermosura,
> gusto de mi paladar,
> era donde la verdura
> siempre estuvo por segar.
> Sal que dio siempre a mi vida
> tanta sazón, miel tan poca,
> venda que pidió la herida
> incurable de mi boca.
> Quiero quitarme esta pena,
> y vestirme la mortaja,
> y esparcirme como arena,
> y aventarme como paja.
> Molerme como semilla,
> perderme en el polvo vago,
> y al borde de tu mejilla
> motirme de un solo trago.

> (A. III, c. III, e. III)

La desnudez de la expresión, lo descarnado de los sentimientos reflejados en las palabras de la dolorida muchacha forzosamente recuerdan las otras elegías

---

[14] JUAN CANO BALLESTA: *La poesía de Miguel Hernández*, p. 143.
[15] VICENTE RAMOS: *Miguel Hernández*, p. 192.

hernandianas, por lo menos las dedicadas a Ramón Sijé, que contienen este mismo sentido de la destrucción de la materia humana y su perdición en manos de la muerte. El acercamiento al cadáver para sentirlo de cerca, para vivirlo, así como la intensidad del dramatismo expresado por la muchacha, aproximan mucho esta elegía a modos, a líneas muy de la obra hernandiana. Este fragmento, inmediato al anterior, nos recuerda en concreto la imaginería y la crudeza de las elegías dedicadas a su joven amigo y paisano:

> Deja tu boca en mi apoyo:
> ¡ay, no te la lleves, no!
> Que no se la coma el hoyo
> y que me la coma yo.
> No mereces ser deshecho
> por el gusano cruel:
> ¡que hagan un hoyo en mi pecho
> y que te encierren en él!
> No quiero que hierba sea
> tu cuerpo, tu corazón
> fundido en una pelea
> de un trueno con un león.

Para terminar este análisis de imágenes y metáforas es obligado aludir al simbolismo que una y otra obra contienen, y que, evidentemente, es menor y muy reducido si lo comparamos con el aparecido en el auto sacramental. En *Los hijos de la piedra* interesa subrayar las alusiones del final al propio simbolismo del título, desarrollado en una interesante alegoría según la cual los mineros, los «hijos de a piedra», revelan una piedad filial por esta simbólica madre de la que dicen ser herederos de su pasividad, argumento que Miguel vuelve, por boca del Pastor, contra los propios mineros, incitándolos a la lucha, a la revolución. El símbolo de la piedra puede relacionarse, en este último parlamento, con la cólera de las herramientas e instrumentos de trabajo, que quedarán por fin resumidos en los tan cargados de connotaciones sociales y políticas hoz y martillo. Pero antes, en *Los hijos de la piedra,* el hacha del Leñador y la honda del Pastor se convierten en dinámicos objetos de lucha, de venganza:

LEÑADOR.

> El hacha me tiembla en la faja de indignación, pastor.

PASTOR.

El cayado y la honda se remueven en mi mano como el rayo en el cielo.

(A. II, f. i., e. I)

Al final, será el simbolismo doble y enfrentado de la piedra el que tome un carácter primero pasivo y resignado y luego encendido y revolucionario, en un contexto estilístico sumamente expresivo, en el que figura lo que Vicente Ramos [16] ha considerado acertadamente como hilozoísmo al relacionar piedra y espíritu y conceder vida a lo material, rasgo típico de los otros grandes escritores alicantinos: Azorín y Miró.

MINERO 4.º

Hemos sido engendrados en la piedra, pastor. No te extrañe tanta paciencia.

MINERO 5.º

Tú sabes que somos los hijos de la piedra.

MINERO 1.º

La piedra nos parió, la piedra nos ha sustentado, en la piedra vivimos y bajo la piedra vamos a morir seguramente sin levantar un solo brazo contra quien nos maltrata.

PASTOR.

¡Cierto, cierto! Sois los hijos de la piedra. Tenéis su corazón de mineral indiferente. ¡Los hijos de la piedra, los hijos de la piedra!... Y de tal madre, tales hijos. Sufrís los más rudos golpes con la resignación y la humildad de la piedra. Os ha arrebatado el pedazo de pan que os alimentaba y seguís impasibles, como la piedra... Amontonaron pesares y trabajos, yugos y cargas sobre vuestras cabezas, y no alzáis ni una ceja indignada, como la piedra. Tenéis las tripas cubiertas de telarañas de no comer y de no beber el vaso polvoriento y vuestro corazón no protesta, como la piedra. Sois mudos, sumisos, sordos, brutos, resignados, insensibles, como la piedra. ¡Los hijos de la piedra! Pero ¿qué digo? Ni hijos de la piedra siquiera sois. La piedra sabe amenazar y castigar cuando la empuja la pólvora del barreno. La piedra se enfurece cuando la maltratan el sol y el pico. La piedra silba colérica y peligrosa manejada en la honda. La piedra se desploma poderosamente sobre los pueblos cuando la recoge el rayo. La piedra se revuelve contra quien la golpea rugiendo y bramando. La piedra cría lo-

---

[16] VICENTE RAMOS: *Miguel Hernández,* p. 188.

bos, precipicios, alacranes y culebras para defen-
derse de los que pretenden domarla y reducirla.
No, no: me equivoqué antes. No sois los hijos de
la piedra. La piedra tiene gestos bravos y vosotros
solamente tenéis lengua para lamer los pies de un
hombre y espaldas para su garrote.

(A. III, f. i., e. VII)

La actitud hernandiana de fomento de la revolución
contra los pasivos aparece con idéntico ardor en *El labrador de más aire* puesta en boca de un *líder* similar
al *Pastor,* el labrador, que culmina su arenga en el
símbolo por antonomasia, hábilmente extraído y en-
samblado con el ambiente de exaltación del trabajo.
El texto, paralelo al de *Los hijos de la piedra,* contiene similares argumentos y un buen número de imágenes estereotipadas. Por otra parte, al representar la
voz de su autor, que como sabemos se desdobla en el
Pastor y en Juan, contiene esa nota de sinceridad, de
apasionamiento y autenticidad que posiblemente contribuyen de manera notable al lirismo de la obra:

JUAN.

Os declaráis bajo el mal
tan postrados y tan yertos,
que habláis lo mismo que muertos
a los que todo da igual.
Y ante seres tan pasivos,
en mi corazón se entabla
la cuestión de ver si habla
con los muertos o los vivos.
Tan resignado, tan manso
vuestro triste cuerpo va,
que a mí me parecéis ya
cadáveres sin descanso.
Basta de resignación,
de pies y de manos presos.
¿No tenéis alma en los huesos
ni sangre en el corazón?
¿Campará el pájaro malo
y tendréis siempre a su antojo
sonrisas para su ojo
y espaldas para su palo?
Cuerpo de hombre que se deja
pisar, morir o matar,
al cuello debe llevar
el balido de la oveja.
Nadie se deje morir
mansa y silenciosamente,
para que la humilde frente
no le vengan a escupir.

¿Por qué no lleváis dispuesta
contra cada villanía
una hoz de rebeldía
y un martillo de protesta?

(A. III, c. II, e. IV)

Entre los temas poéticos y dramáticos que las obras
de este grupo contienen, ninguno es tan poderoso como
la grandiosa exaltación de la naturaleza que a lo largo
de ellas se hace. Son ya muchos los ejemplos que
hemos puesto en que las metáforas y las imágenes
revelan la intensidad de este sentimiento que permanece a lo largo de las dos obras. Sólo hay que
recordar la gran fuerza que, como escenario natural,
ofrece todo *Los hijos de la piedra* con la presencia
viva del verano, del otoño y del invierno. Los calores
del tiempo de las chicharras del principio de la obra;
la mutación de la naturaleza que se percibe en la fase
interior del acto II cuando aparece el otoño, «traído
por el pico de las grullas», objeto del diálogo entre
Pastor y Leñador; y, por último, los inclementes fríos
que ya hemos oído sentir a Retama. Las estaciones,
las tres que aparecen en *Los hijos de la piedra,* llenan
de rebosante vitalidad una obra en la que la naturaleza adquiere un protagonismo singular.

Otro tanto podría decirse de la exaltación de la
primavera que aparece en el canto de los mayos y en
los diálogos que siguen. Juan Cano Ballesta [17] ha señalado el colorismo y la vivacidad de las imágenes
populares a lo García Lorca cuando el poeta canta
objetos llenos de animación como en estos bellos
versos:

Quintín.

Por fin trajo el verde mayo
correhuelas y albahacas
a la entrada de la aldea
y al umbral de las ventanas.
Al verlo venir se han puesto
cintas de amor las guitarras,
celos de amor las clavijas,
las cuerdas lazos de rabia,
y relinchan impacientes
por salir de serenata.

(A. I, c. II, e. I)

[17] Juan Cano Ballesta: *La poesía de Miguel Hernández,* p. 144.

105

La primavera, como ha señalado Vicente Ramos [18] a propósito de los versos de esta escena, es el tiempo ideal para que Miguel exalte la belleza y la pasión amorosa y así lo expresa en estos versos llenos de vitalismo:

> Con luna y aves, las noches
> son vidrio de puro claras;
> las tardes de puro verdes,
> de puro azul, esmeraldas;
> plata pura las auroras
> parecen de puro blancas,
> y las mañanas son miel
> de puro y puro doradas.
> Campea mayo amoroso:
> el amor ronda majadas,
> ronda establos y pastores,
> ronda puertas, ronda camas,
> ronda mozas en el baile
> y en el aire ronda faldas...

(A. I, c. II, e. I)

Nos muestra el autor en esta obra la presencia de la naturaleza viva reflejada en las diversas faenas agropecuarias, de cuyo conocimiento ya había hecho gala en el auto. Así, en *Los hijos de la piedra* se da cuenta, en la fase anterior del primer acto, de las labores del Pastor con su ganado en busca de una generosa procreación, tema preocupante y casi obsesivo en Miguel como en seguida se verá. También en el acto segundo se nos ofrece una visión de la otoñal vendimia, mientras que en *El labrador de más aire,* en su acto segundo se nos da un cuadro de la siega y referencias a la labor de avienta.

Tal actitud incide en un gran verismo aunque sumamente poetizado, estilizado con extraordinaria delicadeza, lo que concede a la obra escenas de gran valor estético y expresivo.

Entre los temas poéticos relacionados con la exaltación de la naturaleza hay que citar el elogio de la vida del campo, que en Miguel Hernández llega a convertirse en algo también obsesivo. Esta posición es la que posiblemente informa las primeras escenas de *Los hijos de la piedra,* en las que el poeta realiza una presentación del mundo de Montecabra como un mundo idílico, en el que todos trabajan felices y en el

---

[18] VICENTE RAMOS: *Miguel Hernández,* p. 203.

que la naturaleza ofrece los frutos de sus entrañas a través de las minas y el campo, lo que hace expresar al Minero que «en Montecabra nunca pasa nada».

En *El labrador de más aire* el elogio de la vida del campo es más directo [19], con una valoración de la paz aldeana frente a las exigencias del Señor urbano, Don Augusto. Blasa es la encargada de enfrentar el mundo de la ciudad al del campo con los resultados que era de esperar: paz, sosiego y tranquilidad. He aquí las tan convincentes palabras de la «mujer reposada» madre de Juan:

> Reposo, señor, reposo.
> ¡Qué pronto se me impacienta!
> Aquí la gente es muy lenta
> y todo va despacioso.
> Nada verá presuroso
> mirando estos andurriales:
> son en ellos naturales
> la lentitud y la paz,
> del haz de la tierra al haz
> de los cielos celestiales.
> Mire si no la cigüeña,
> que cuando a volar se atreve
> parece que no se mueve
> y hasta parece que sueña.
> Mire la vaca, la aceña
> y la vida en general:
> aun el pastor más zagal
> a la presura es reacio.
> Aquí se nace despacio,
> se vive y se muere igual.
> Todas las cosas se ven
> con pausa, a la prisa ajenas,
> y aunque todas las faenas
> se hacen con paz, se hacen bien.
> No espere, pues, que le den
> aquí una cosa al momento,
> que el ave, la tierra, el viento,
> sin precipitar su modo
> pacífico, lo dan todo
> con el mismo movimiento.

(A. I, c. I, e. VII)

Elogio del campo que también hará Juan llevándolo al plano de lo moral cuando frente a los deseos de Isabel de dejar el pueblo responda el muchacho:

---

[19] Sobre esto, vid RENATA INNOCENTI: op. cit., pp. 200-201.

                              No hallarás otro lugar
                              de corazones tan llanos.

                                        (A. II, c. II, e. III)

A lo que, como contrapartida de esta opinión, que es
la del poeta, responderá la hija del dueño con un an-
tielogio muy curioso, en el que todo incomoda o dis-
gusta. Parece como si Miguel Hernández hubiese querido cargar a Isabel con otro sambenito más que
acentuase las antipatías que lógicamente se le tienen.
Los argumentos parecen una réplica a las anteriores
palabras de Blasa:

                    ¡Qué me importan corazones!
                    Ya me basta con el mío.
                    No quiero oír más canciones
                    ni andar la orilla del río.
                    Estoy hasta de escuchar,
                    aun desde la misma cama,
                    la noria que echa a rodar
                    y la novilla que brama;
                    harta de ver las gallinas,
                    el campo, el trigo, las eras,
                    los vecinos, las vecinas,
                    las yuntas y las corderas.
                    No puedo con este olor
                    a establo y flor de tomillo.
                    Me irrita ya tanta flor
                    y tanto cuadro sencillo.
                    No sé para qué me trajo
                    mi padre de la ciudad
                    a esta vida de trabajo
                    y de laboriosidad.

                                        (A. II, c. II, e. III)

Otro tema de gran trascendencia en la obra de Miguel Hernández y particularmente en estas dos, en
relación con la naturaleza, es el sentimiento de la tierra como algo poderoso y decisivo, como madre y
como novia, que refleja un intenso hilozoísmo y un
espíritu lleno de vitalidad. Hemos visto, en *Los hijos
de la piedra,* la importancia y significación del símbolo de la piedra como madre del hombre y su alimen-
tadora, aunque con unas implicaciones —revoluciona-
rias y sociales— que no interesan ahora. Pero en la
propia obra, al final de la misma, aparece un muy
primario sentimiento de la tierra como acogedora del
hombre, evidentemente de arraigado sentido popular.
La muerte de Retama da motivo a estas reflexiones

que culminan en la expresiva definición del Leñador, acorde con unos sentimientos muy hondamente enraizados con la cultura tradicional:

Minero 1.º

¡Pobre Retama! La tierra se apropiará su cintura, hoy mustia y doblada y ayer envidia de los juncos más frescos.

Minero 2.º

La tierra caerá sobre ella a picotazo limpio y se la comerá con el afán del cuervo.

Leñador.

La tierra es otro cuervo florido que aguarda a que nos quedemos quietos para echarnos sus grandes alones al cuello y comernos la carne. ¿Qué habrá de Retama dentro de unos meses?

(A. III, f. p., e. I)

Vicente Ramos[20] destaca un sentimiento de cierto panteísmo en el personaje del Pastor cuando pocas líneas más abajo, dirigiéndose a Retama muerta, le dice:

A la tierra, Retama mía, a la buena tierra llena de abrazos.

(A. III, f. p., e. II)

En *El labrador de más aire,* las referencias son varias aunque en todas se ve una inquietud muy de Miguel sobre el tema. Así, recién empezada la obra, en el trazado de mujer ideal que hace Juan, entre las cualidades que ha de tener la amada, señala que «como la tierra has de ser» (A. I, c. I, e. I), mientras que en la escena VII del mismo acto y cuadro comparece la tierra como relación vital con el hombre simbolizada en la novia, según ha señalado Vicente Ramos[21]. Según este mismo crítico, en el acto tercero aparece la tierra como la oscura esposa transmutada maternalmente con la expresión de la servidumbre del hombre respecto a la tierra. Los versos contienen toda la fuerza de la intensidad vital y el valeroso ardor con que Juan lo expresa:

---

[20] Vicente Ramos: *Miguel Hernández,* p. 252.
[21] Vicente Ramos: *Miguel Hernández,* p. 197.

Es mi madre y es mi amiga
desde siempre, sí, y por eso
ando en ella siempre preso
y le doy, diariamente,
un manantial con la frente
y con las plantas un beso.
Le doy mi sangre y mis días,
gota a gota y uno a uno,
y para ella reúno
atenciones y energías,
¿serán más suyas que mías
las lomas por donde va
la tierra viniendo acá
en busca de mi labor?
¿Qué huesos o qué sudor,
qué sangre o qué pies le da?
Nadie merece ser dueño
de hacienda que no cultiva,
en carne y en alma viva
con noble intención y empreño.
Vivo con la tierra, y sueño
con la tierra y el trabajo:
y si la tierra me trajo
a darle el barro de mí,
bien dirá que se lo di
cuando me coja debajo.
Sobre su vientre me apoyo
para que con pan me pague:
no dirá cuando me trague
que no he cultivado el hoyo.

(A. II, c. III, e. VIII)

Al mundo de la naturalezaz hay que allegar también la gran preocupación del poeta por el tema de
la creación en general y de la procreación y la sexua-
lidad humana en particular, que ya vimos apuntado
en el auto y que es permanente en toda su obra.

Las primeras escenas de *Los hijos de la piedra* son
reveladoras de esta inquietud cuando el Pastor habla
con gran expresividad de la actividad sexual de sus
cabras:

Esta es la estación que prefiero. Mis cabras van que
no pueden andar de grosura y de leche. No hay nieves que sepulten los pastos, nieblas que me impidan
andar junto a los precipicios, fríos que paralicen la
piedra de la honda y el sonido de la esquila. Ayer he
soltado el mandil a los chivos, aprovechando la lección de mi padre de que es la época de este creciente
de luna la más a propósito para machear las cabras.
Detrás de ellas, orinándose las barbas y el vientre,
porque saben que el olor de la orina despierta los

deseos de las hembras, corren enamorados hasta la rabia. El que resulta de este tiempo, es el preñado más agraciado y abundante de todos.

(A. I, f. a., e. II)

El sentimiento del amor, expresado sin especiales alambicamientos, alude directamente al acercamiento sexual en algunos pasajes, como en el que a continuación reproducimos donde Mujeres y Mineros dialogan y éstos últimos exponen sus sentimientos acerca de ellas:

MINERO 3.º
Si tu cuerpo no fuera la orilla final de mi trabajo, no sabría salir de los pozos y las galerías del carbón y de la blenda.

MINERO 4.º
Cuando retiro mi mano del trabajo, lo hago con la alegría de pensar que voy a ocuparla en tu cariño. Me la cortaría si así no fuera.

MINERO 5.º
Que un barreno me deje ciego como a tantos de mi oficio el día en que mis ojos no vean más que piedras alrededor.

MINERO 1.º
Tú me quitas la fatiga y me das la agilidad del gallo.

MINERO 2.º
En las horas de mí contigo la tierra se puebla, huele a humo de espliego nuestra casa y bajo tu enfaldo tiembla una sandía redonda.

MINERO 3.º
Eres la sombra que prefiero para mi descanso.

MINERO 4.º
Te quiero con el amor simple y grande del toro.

MINERO 5.º
Te deseo como los chivos, que se rompen la cabeza por una cabra.

(A. I, f. a., e. V)

La inquietud hernandiana por el tema de la procreación queda reflejada en la impaciencia del Pastor, que espera un hijo, en uno de los más bellos diálogos, entre el protagonista y Retama, de toda la obra. Es curioso el tono primario que Miguel confiere a las

111

palabras de su personaje y las suaves y maternales correcciones de la mujer solícita, lo que imprime a la obra un característico sesgo ingenuo y popular:

PASTOR.

La *Pensativa* y la *Mediana,* dos chotillas cada una. ¡Qué cosa más florida de animales! En el barranco de lo Hondo están mamando. Si no las malogra un mal viento o un bocado venenoso, dentro de un año tendremos cuatro cabras que serán la gracia del monte. Y dime, Retama... ¿Para cuándo estará nuestro hijo llenándome las manos de hermosura?

RETAMA.

¿Olvidas que los niños nacen cuatro meses después de los cabritos? Para la luna creciente de febrero te lo daré.

PASTOR.

Reservaré curtidas las más mullidas zamarras para que el frío no me lo vuelva un terrón de hielo.

(A. II, f. i., e. II)

Lo que en *Los hijos de la piedra* resulta primario, según hemos visto a través de los ejemplos, en *El labrador de más aire,* obra que contiene también un poderoso y fuerte sentimiento de la atracción física y sexual, queda expresado con un exquisito refinamiento, al que el lenguaje poético hernandiano se doblega con facilidad. Los ejemplos pueden ser varios, pero hemos escogido la sensual declaración de amor de Encarnación a Juan del final de la obra:

Sí, Juan. No ha podido ser
nadie más que tú, y así,
mientras tú hacia otra mujer,
yo he vuelto el alma hacia ti.
Y todo mi cuerpo entero
viene arrastrado a ti, Juan,
como una hebra de acero
a un principio de imán.
Dame tus labios lucientes,
antes que se me concluya,
devorada por mis dientes,
la boca mía que es tuya.
Fortalece mis afanes
de amor con tu voz de viento,
que mover puede huracanes
con la fuerza de su aliento.
Tengo el corazón rendido;
tengo desesperanzado

cada amoroso sentido
y cada amoroso lado.
Mis brazos de par en par
los traigo para los tuyos;
anégame tú en un mar
de abrazos, besos y arrullos.
¡Qué olor a celosa higuera
y a sangre celosa siento!
¡Ay, esta noche quisiera,
morirme bajo tu aliento!

(A. III, c. III, e. III)

Como se ha podido advertir, particularmente en los últimos versos, la naturaleza está muy próxima a la expresión del amor, a través de tan vivos elementos como el aroma de la higuera —recuérdese el sensualismo que a este árbol se atribuía en el auto— y sobre todo la noche.

Un tema de gran interés también, y que afecta en gran manera a la contextura poética de las obras, es el del popularismo, característico del teatro de Miguel Hernández. Y no ya sólo popularismo en la expresión, sino también en el plano del contenido. Porque la expresión popular se mantiene con más pujanza, quizás por exigencias argumentales, que en el auto sacramental.

Lo que en aquella obra nos resultaba curioso, en éstas llega a convertirse en habitual. Por ello, en *Los hijos de la piedra* es fácil detectar en el acto primero el lenguaje sentencioso de los mineros con un amplio reflejo de la ignorancia de las gentes del pueblo que no conocen siquiera la palabra *revolución*. O las frecuentes expresiones, bastante directas o brutales, sobre el sexo, así como los refranes, modismos e incluso las ya típicas frases ordinarias que a Miguel se le deslizaban en sus obras y que tanto nos sorprendían en el auto sacramental. Ahora culminan en una frase tan sincera como inadecuada, puesta en boca de un Minero: «No puede uno ni mear con calma» (A. I, f. p., e. I).

Expresiones populares que en *El labrador de más aire* adquieren un sentido de autenticidad, como ha destacado Juan Cano Ballesta [22] a propósito de estos versos puestos en boca de Juan:

---

[22] Juan Cano Ballesta: *La poesía de Miguel Hernández,* p. 144.

113

De algún tiempo acá, te noto
trashumada y decaída.
¿Qué mal te llaga la vida
o qué cuerda se te ha roto?

(A. I, c. I, e. I)

La segunda obra, mucho más modosa y refinada, carece de los deslices advertidos en el auto y de las since-
ridades brutales de *Los hijos de la piedra,* lo que no
supone ni mucho menos un abandono del popularismo, sino una selección y una búsqueda de lo verdaderamente poético y estético.

Y en este sentido hay que destacar las numerosas
referencias a creencias y tradiciones populares que
aparecen en las obras de este período. En *Los hijos de
la piedra* las hay sobre los maravillosos poderes de
algunas hierbas y plantas en el terreno de la fortaleza
sexual (A. I, f. a., e. V), que en otra ocasión son utilizadas por Retama como medicina popular para sus
animales (A. I, f. p., e. V).

Mayor interés tienen las supersticiones y presagios
que aparecen en las dos obras dotándolas de un típico aire muy popular y tradicional. Así, en *Los hijos
de la piedra,* como ya señaló Vicente Ramos [23], la luna
conduce a los mineros a su trágico destino (A. III,
f. i., e. II), que se va anunciando como una premonición desde que la obra ha empezado, cuando una de
las Mujeres avisa «que la desgracia va a reinar desde
hoy en Montecabra» (A. I, f. a., e. VI).

El ambiente va cargándose poco a poco de este tipo
de sentimientos, de manera que los augurios de desgracia van surgiendo por todas partes. Incluso la difícil escenografía de la obra quiere contribuir a este
ambiente trágico con la efectividad de una naturaleza
desencadenada y claramente trágica. La imaginación
de nuestro joven autor es, en este sentido, desbordada
y la acumulación de elementos apunta hacia montajes
fantásticos:

> *Los relámpagos se hacen perdurables, los truenos des-
> trozan sus mundos, los rayos avanzan crispados y re-
> pentinos, las nubes se desangran haciendo una música
> bárbara en el monte, que amenaza cataclismos. Se arro-
> jan horrorizadas las culebras por las bocas de las cue-
> vas, huyendo de la electricidad que se apodera de su
> piel, imperiosamente. Ruedan en el agua sapos que se*

---

[23] VICENTE RAMOS: *Miguel Hernández,* p. 202.

estrellan destilando sangre. La langosta, el alacrán, el
cuervo y el lagarto, van por la lluvia graznando, sil-
bando y crujiendo. Los barrancos se vuelcan con un
clamor de espuma, tiemblan los cimientos del monte,
se quiebran violentamente las estalactitas, se desplo-
man grandes bloques de pórfido y mármol. Las águilas
se aprietan agrupadas, los gavilanes abandonan su robo,
los ecos repiten con su fidelidad de espejo todos los
accidentes sonoros de la tempestad, acrecentándola, en
medio de un viento colérico, que se queja en el espar-
to y el romero, aúlla en el pino, arde en la higuera,
se rasga en el cardo y la zarza, solloza en la retama y
pierde la dirección y el ímpetu en los tajos y que-
bradas.

(A. II, f. i., e. III)

También *El labrador de más aire* responderá a esta
línea cercana a lo popular al contener oscuros presagios, premonición de la desgracia inevitable que se
avecina:

ENCARNACIÓN.

No sé qué humedad amarga
me da la mano del viento,
que mi corazón embarga
de un mortal presentimiento.
Huele a sangre corrompida
el aire que me rodea,
y me transtorna la vida
una sangrienta marea.
Huele a sangre y a mortaja
el corazón que me duele,
y huele a sangre la paja,
y a sangre la sombra huele.

[...]

Sangre presiente y ventea
mi amorosa sangre sola,
y la luna que alborea
lleva cercos de amapola.
Lleva espuma, lleva humo
de sangre ardiendo en su albor,
y mi sangre lleva zumo
de amor, de muerte, de amor.

(A. III, c. III, e. II)

Con todos estos elementos poéticos ha realizado
Miguel sus dos obras dramáticas intermedias que,
aunque distintas en su contextura, en su temática y
en su lenguaje, dejan ver todavía ese aliento lírico
definitorio del teatro de Miguel Hernández.

III. TEATRO DE GUERRA

Frente al teatro anterior de Miguel Hernández, la obra que conocemos y agrupamos como «teatro de guerra» supone un descenso en la calidad y en los climas poéticos que habíamos visto en la dramaturgia precedente. Se percibe además una considerable falta de unidad, en este y en otros aspectos, en el grupo, ya que entre las cuatro obritas en prosa de *Teatro en la guerra* y *Pastor de la muerte* existe una notable y marcada diferencia estilística, estructural y expresiva, además de la externa distancia que surge al estar las obrillas escritas en prosa y el drama en verso.

Se advierte también un problema de coherencia, ya que la temática de todas estas piezas es la guerra, en un conjunto de motivos que nos conducen a distintos aspectos y ambientes de retaguardia, ciudad sitiada, trincheras en el frente, etc., así como en los consiguientes conflictos dramáticos. El problema entonces radica en la posible impropiedad de emplear el verso para una obra de guerra —lo que podría ser discutible—, pero sobre todo en la utilización de un lenguaje poético, como lo hace Miguel, para una obra de propaganda y concienciación ciudadana, aunque en ésta se lleve a cabo una exaltación de cualidades espirituales como son el valor, el patriotismo, la lealtad, la solidaridad, etc.

La cuestión no llega a plantearse en las obrillas de *Teatro en la guerra,* que carecen de un lenguaje poético, aunque a ellas dedicaremos algún comentario, pero es fundamental en *Pastor de la muerte,* drama en el que percibimos un considerable reflejo de la tendencia hernandiana a poetizar la situación, por impoetizable que ésta nos parezca, lo que consigue con resultados estimables. La crítica, la escasa crítica que se ha acercado a *Pastor de la muerte,* ha sido optimista en este sentido, y entre las opiniones podemos destacar las palabras de Pérez Montaner [1] que valora así la actitud hernandiana en la que habría de ser su última obra dramática: «Resalta en esta obra la depuración poética de todo lo que no sea genuinamente popular. Miguel Hernández ha sublimado las influencias de Lope, Calderón, Góngora y Garcilaso en una poesía personal cuyas imágenes arrancan del mundo elemental y primario de las faenas del campo. Son palabras del pueblo y para el pueblo, como lo explica la "Nota previa" a su *Teatro en la guerra.*» Y, en efecto, cita Pérez Montaner las frases oportunas de la tan conocida obra de Miguel, para terminar señalando su valor desde el punto de vista poético: «Obra de propaganda en algunos momentos, pero profundamente sentida y compensada con escenas de alta calidad poética; propaganda que en ningún momento fue considerada por su autor como finalidad, sino como ayuda para lo que quería expresar.»

En cualquier caso, se comienza a percibir un cambio en la actitud poética del autor, tanto cuando —el caso de *Teatro en la guerra*— significa su abandono

---

[1] JAIME PÉREZ MONTANER: «Notas sobre la evolución del teatro de Miguel Hernández», edic. Taurus cit., pp. 285-286. También CONCHA ZARDOYA señala (art. *Revista Hispánica Moderna* cit., p. 289), sin someter a análisis la obra, entonces inédita, que «es una pieza de circunstancias —combate el derrotismo, la deserción, la cobardía—, pero hay en ella grandes porciones impregnadas de una poesía universal, de ayer, de hoy y de siempre».

teórico y práctico, como cuando la modifica y desnuda. Cambio de actitud que supone un tremendo descenso de interés en las cuatro obritas pequeñas, en las que Miguel, en sustitución de su incomparable expresión poética, introduce un lenguaje coloquial, que se convierte en vulgar en alguna de las obras, como en *La cola,* donde la intervención de una serie de mujerucas malhabladas o deslenguadas no puede ser apagada ni mitigada por la presencia de una Madre, que enarbola bellos ideales con un lenguaje grandilocuente y bastante inverosímil.

No tenemos, por ello, otro remedio que reducir nuestro juicio de estas cuatro obras en este momento a las impresiones de la naturaleza que se perciben en *El hombrecito,* y que son revitalizadoras, a la refrescante presencia de la tradición de las grullas en *Los sentados* y, por último, a los poemas que cierran ambas obras [2].

Porque, en efecto, supone dentro de lo prosaico de estas cuatro obras un aliciente poético leer fragmentos como éste en el que vemos la naturaleza que tanto amó Miguel y tan presente está en toda su obra, damnificada por los horrores de la guerra, pero evocada con autenticidad y simbolismo:

> Eres nuestra única alegría en esta vida. No quiero perderte. Anda al huerto, hijo, y olvida la guerra, que no es para ti. Cava los alhelíes. No me digas que cavar es faena de mujeres. Poda la acacia que queda en pie: las otras cuatro ya son ceniza. También ha tocado a los árboles sentir la guerra. Algunos compañeros han sido tan inhumanos con los pinos de la alameda como el fascismo con nosotros. Anda, hijo, a cavar y a podar, que son, como luchar, faenas de hombre.
>
> (*El hombrecito,* c. u.)

En otras ocasiones, las alusiones al clima nos conducen a una observación de la naturaleza de cierta belleza, como la que hacen estos personajes de *Los sentados* aludiendo a los signos populares reflejados en la migración de las aves:

---

[2] Ambos poemas, formados por cuartetas octosílabas, responden al esquema de alguna de sus poesías de guerra como «Andaluzas» (*o. c.,* p. 357).

SENTADO 1.º

(*Frotándose las manos.*)

¡Sabrosa mañana! Este febrero parece una primavera.

SENTADO 2.º

Se acabaron los tiempos malos. Ayer, cuando atar-
decía, señaló el tiempo sereno un bando de grullas que vi sobre mi cabeza.

(*Los sentados, c. u.*)

Respecto a los poemas, hay que destacar en el de
El hombrecito que se trata de una arenga a las madres para que no impidan a sus hijos marchar a la
guerra, perfectamente ensamblada en el argumento de
la obra. Hay dos notas significativas desde un punto
de vista de estructuración del poema como tal en la
obra: por un lado, se trata de una intervención directa de «La voz del poeta», como luego hará en *Pastor
de la muerte,* quizá queriendo distinguir lo poético
stricto sensu del resto de la obra —evidentemente no
poética—. Y, por otro, lo eficaz de este canto que
quedaba asimilado por la madre como si de un soplo
sobrenatural o mítico se tratase ya que súbitamente
origina en ella, en sus más arraigados sentimientos,
una mutación total, haciéndola proferir un no menos
poético canto de contestación en el que muy melodra-
máticamente se muestra convencida de la utilidad de
su filial sacrificio.

El poema, por su parte, está formado por unas
cuartetas consonantes llenas de simbolismo muy expresivo que el poeta completará en las palabras finales de la sacrificada y convencida madre:

LA VOZ DEL POETA.

(*Dentro.*)

Madres, dad a las trincheras
los hijos de vuestro vientre,
que la marca de las fieras
en nuestra tierra no entre.

No contengáis los alientos
que llevan a los caminos
generosos movimientos:
contened, sí, los mezquinos.

Parid, tejed, compañeras
gigantes para la hazaña,
para sus hombros bandera
y victorias para España.

No morirán, yo lo digo:
caerán, sí, pero no muertos.
¡Madres, quedarán conmigo
de relámpagos cubiertos!

LA MADRE.

Hijo: esa voz que oigo no sé dónde y parece que
brota dentro de mi persona, ocupa tu puesto y me
quita la soledad y la angustia. Reconozco la luz
que te envuelve desde hoy, y dejo suelta la rienda
de tus impulsos generosos. Crecido en ellos, tus
quince años son veinticinco, tu corazón se agranda.
No te quedarás en la muerte, si caes, que saltarás
por encima de ella. Vivirás, vivirás, te tendré siempre conmigo y andarás relumbrando sobre todos los
montes de España. Mirad, madres, mirad: ¡Mi hijo
avanza como una semilla a convertirse en el pan de
todos los hijos que empiezan a brotar de los vientres maternos!

(*El hombrecito*, c. u.)

Muy similar contexta, tema, verso y situación en
la estructura de la pieza tiene el poema que cierra
Los sentados, con el mismo o parecido simbolismo ve-
hemente de llamada al sacrificio en favor de la patria:

LA VOZ DEL POETA.

Levántate, jornalero,
que es tu día, que es tu hora.
Lleva un ademán guerrero
el ademán de la aurora.

No permitas que un ocaso,
que desplomarse no quiere,
se apodere de tu paso,
de tus hijos se apodere.

Tu pan del aire pendía.
¡Que tu alborada destruya
el ocaso! ¡Es tuyo el día:
España, la tierra es tuya!

(*Los sentados,* c. u.)

Pastor de la muerte representa, frente al *Teatro en
la guerra,* el regreso de Miguel en busca de su expresión como poeta-dramaturgo. Aunque ese regreso no
es a las posiciones alcanzadas en *El labrador de más
aire,* sí representa la vuelta al manejo de imágenes y
metáforas que ahora aparecen con menor intensidad
y sólo en algunos pasajes que admiten —y en ocasiones con dificultad— el lenguaje poético de Miguel.
Se trata también de una vuelta al empleo del verso
como exclusivo medio de expresión en la obra —salvo

121

alguna carta escrita en prosa—, pero, en relación con las obras anteriores, las estructuras métricas sufren una enérgica y efectiva simplificación, ya que quedan reducidas al octosílabo, agrupado bajo la forma del romance y, en menor grado, de la redondilla. Hay también algunas décimas, quintillas, romances hexasílabos y heptasílabos además de irregulares canciones paralelísticas. En realidad, se observa una gran simplificación y unificación expresiva, montada sobre la tradicional estructura del heptasílabo, que sólo se ve alterada por el gran poema final en cuartetos alejandrinos de rima consonante abrazada.

Como complementos rítmicos, Miguel vuelve a servirse de las tan familiares para él estructuras repetidas de las que tantas veces ha hecho uso. Los comienzos anafóricos, las reiteraciones de versos con transformaciones o sin ellas, contribuyen indudablemente al ritmo que viene marcado por los versos.

Así ocurre, por ejemplo, en la canción dolida que, puesta en boca de mujer, Miguel introduce en una escena del acto segundo que cubre en su totalidad. El tono repetitivo, de salmodia popular, mezclado con el carácter elegíaco y su situación en la obra como antecedente de un diálogo de indeseables, le concede un cierto lirismo típico del poeta:

MADRE.

¡Hijo de mi corazón!
¡Hijo de todas mis fuerzas!
Te han dejado sin ninguna
grabado contra las piedras.
Un brazo por esta parte,
una mano, otra, por ésta,
y por todos los lugares
tu sangre caliente y tierna.
Aún palpitan tus entrañas,
aún tu corazón resuena.
¡Pero qué despedazado,
pero qué aventado quedas!
Huesos y más huesos tuyos
como juncos en la siega,
iluminando la casa,
la casa de mi tragedia.
Mi casa ya no es mi casa
ni es sombra suya, ni es ella.
Mi casa es el aposento
de las ruinas y las penas.
¡Hijo de mi corazón:
qué desolada me dejas!

Un año tenía: un año
de besos y de belleza.
Me han matado un año, un siglo
de felicidad eterna.
¡Hijo de mi corazón!
Mirad qué tela más negra
han puesto sobre la sangre
que llevaba en su cabeza,
en su corazón de rosa,
en su corazón de cera.
¡Asesinos, asesinos!
¡Mirad qué grande es la tela!
Habéis derribado un cielo,
despedazado una estrella,
aniquilado una carne
para los ángeles buena.
Bombardead mis entrañas,
porque me las siento secas.
Reventad mi pecho, echadme
corazón y vida fuera.
¡Ay, qué desfallecimientos,
ay, qué temblores me entran!

(A. II, c. III, e. I)

Ni que decir tiene que el lenguaje poético hernandiano se halla en su fondo sensiblemente cambiado, aunque en su forma permanezca basado en la intensificación de metáforas. Pero la vehemencia expresiva, la crudeza de las palabras, e incluso el tremendismo de la descripción inicial, nos descubren una actitud nueva, personal, coincidente con la poesía comprometida que en esta época cultiva. Aparece de nuevo el tan repetido tema de la madre que sufre en sus propias entrañas la pérdida del hijo y que encontramos, sin esta belleza, en el ya visto *Teatro de la guerra*.

Volviendo a la cuestión de los complementos rítmicos, hay que señalar que Miguel regresa al acertado empleo de canciones de tipo tradicional popular en la obra, aquí pertenecientes todas ellas al tipo de canción de guerra. Aparecen en distintos lugares y algunas de ellas, como la que transcribimos, van unidas al desarrollo argumental de la acción, cuyos parlamentos va interrumpiendo. El lirismo del joven que ansía acudir al combate está plenamente conseguido por la sencillez y por la musicalidad breve, típicas de la canción de tipo tradicional:

CANCIÓN.

Déjame que me vaya,
madre a la guerra.

Déjame, blanca hermana,
novia morena.
Déjame.
Y después de dejarme
junto a las balas,
mándame a la trinchera
besos y cartas.
Mándame.

(A. I, c. III, e. III)

Los límites entre la canción y el diálogo que va desarrollando la obra no siempre son tan definidos como en el texto reproducido, que como se ve queda encabezado por «canción», sino que a veces se entremezclan con los diálogos de los personajes. Así ocurre al principio del acto segundo, abierto por unas palabras del Cubano expresadas en tono y ritmo cancioneril, a las que contesta Pedro con el sonido de una guitarra. Aunque la acotación señala que Pedro *habla* y luego José dirá que «bien sentido y bien *hablado*», por su estructura y forma, las palabras de Pedro constituyen una canción paralelística de las de tipo tradicional, aquí infiltrada en el desarrollo expresivo del drama. Estamos, por ello, muy lejos del sistema utilizado en el auto y en *El labrador de más aire,* según el cual una canción queda aislada e incluso escrita en cursiva por el poeta. La canción de Pedro, sus palabras *habladas,* suenan con el fondo de una guitarra:

Ante la vida, sereno,
y ante la muerte, mayor;
si me matan, bueno:
si vivo, mejor.
No soy la flor del centeno,
que tiembla al viento menor.
Si me matan, bueno:
si vivo, mejor.
Aquí estoy, vivo y moreno
de mi especie defensor.
Si me matan, bueno:
si vivo, mejor.
Ni al relámpago ni al trueno
puedo tenerles temor.
Si me matan, bueno:
si vivo, mejor.
Traidores me echan veneno
y yo les echo valor.
Si me matan, bueno:
si vivo, mejor.
El corazón traigo lleno
de un alegre resplandor.

Si me matan, bueno:
si vivo, mejor.

(A. II, c. I, e. I)

Algunas de estas canciones intercaladas poseen un gran encanto a pesar de su cortedad, al tiempo que crean un ambiente ideal, inigualable, reflejo de la vida auténtica de las trincheras:

DINAMITERO 1.º
Voy a despejar el miedo
cantando un poco en voz baja.

(*Canta.*)
¡Cómo relucen!
¡Entre los olivares,
cómo relucen
cuando van a los frentes
los andaluces!
¡Qué bien parecen!
¡Sobre Sierra Morena,
qué bien parecen
con el fusil al hombro
los cordobeses!

(A. III, c. I, e. I)

La más conocida posiblemente de estas canciones es la que figura al principio del acto cuarto, también canción de guerra que según los editores del *Teatro completo*[3] se cantaba en los frentes con partitura de un combatiente de las Brigadas Internacionales, Jan Andonian. María de Gracia Ifach[4] alude también a ella indicando que se publicó en *Comisario* (Madrid, noviembre de 1938, número 3) con el título de «Las puertas de Madrid». Sin duda, en su brevedad, contiene toda la belleza de un tradicional canto de sitiado:

VOZ DE VARIOS SOLDADOS.
(*Cantando.*)
Las puertas son del cielo
las puertas de Madrid.
Cerradas por el pueblo,
nadie las puede abrir.
El pueblo está en las puertas

---

[3] VICENTA PASTOR IBÁÑEZ, MANUEL RODRÍGUEZ MACIÁ y JOSÉ OLIVA: *Teatro completo* de Miguel Hernández, cit., p. 442.
[4] MARÍA DE GRACIA IFACH: *Miguel Hernández, rayo que no cesa,* cit., p. 205.

como una hiriente llave,
la tierra a la cintura
y a un lado el Manzanares.
Ay, río Manzanares,
sin otro manzanar
que un pueblo que te hace
tan grande como el mar.

(A. IV, c. I, e. I)

El lenguaje poético de Miguel Hernández es en esta obra bastante distinto de las anteriores, como se habrá podido percibir por lo que llevamos transcrito. Y es que, en efecto, el poeta modifica ampliamente su forma de distribuir las situaciones poéticas en aras de un verismo y una autenticidad evidentemente perseguidos. Mientras en el auto sacramental o en *El labrador de más aire,* pastores y labradores se expresaban con gran refinamiento poético, en esta obra existe una clara diferenciación entre los personajes campesinos o los soldados y la figura del Eterno, de interesante función dramática y peculiar expresión poética. La obra, precisamente, se abre con un parlamento de este personaje en el que aparece una intensificación de la metáfora, de la adjetivación poética, de las imágenes:

ETERNO.

Mis ojos que lo ven todo
a pesar de no ver nada,
ven cómo se multiplican
los manantiales de España.
En la misma piedra brotan
los manantiales del agua,
y, en la misma piedra, sangre
de otros manantiales salta.
El agua y la sangre, unidas
corren, penetran, empapan
las entrañas de mi tierra,
los veneros de mi patria,
y su blancura sangrienta
vuelven más roja y más blanca.
Agosto está entre nosotros
afilándose las garras
con bayonetas calientes
y ametralladoras cálidas.

(A. I, c. I, e. I)

Tal actitud, reiterada en este primer cuadro, volverá a repetirse cada vez que aparece el personaje (A. I, c. III, y A. IV, c. II) a lo largo de toda la obra, por lo que se convierte en el soporte de la máxima poetización realizada por el autor.

Porque el lenguaje poético en el resto de la obra revestirá una sencillez que persigue un evidente realismo. Aun así, veremos fragmentos en los que Miguel vuelve a su preocupación por el simbolismo, como el pasaje en que María, cuando el pastor expresa su deseo de marchar a la guerra, indica que

> Tú eres pastor, y la paz
> ha de ser siempre contigo.
>
> (A. I, c. II, e. II)

O la obligada referencia en esta obra de guerra al simbolismo político de los colores que desarrolla el Cubano, en un amplio cuadro de imágenes y metáforas, cuando habla con una Voz (del enemigo) en las trincheras del Guadarrama:

> Bien calificados vamos
> con el color diferente
> que nos han calificado:
> rojo y blanco.
>
> [...]
>
> Blanco y rojo. Tú eres blanco
> como la vejez más débil.
> Yo soy rojo y quiero serlo,
> como las fuerzas más fuertes
> que implantan la juventud
> sobre la vida terrestre.
>
> (A. II, c. II, e. I)

También es muy destacable, como ha señalado Florence Delay [5], la escena en que, por medio de una intensificación del lenguaje poético, transforma las armas en aves de la libertad por boca de los soldados: «Súbitamente —escribe Delay— entonan entre todos un himno de alabanza a la ametralladora, comparada en una serie de metáforas a las aves y su canto:

> ... codorniz de metal...
> ... cuyo trino es mortal...
> ¡Ay cigüeña que picas
> en el viento del mal!
> ... Canta, tórtola en celo
> que en mis manos estás...»
>
> (A. IV, c. I, e. II)

---

[5] FLORENCE DELAY: «El teatro de Miguel Hernández», *En torno a Miguel Hernández,* Castalia, Madrid, 1978, p. 133.

Los fragmentos recogidos por Delay corresponden a un diálogo cuyos versos figuran refundidos en un solo poema, «La canción de la ametralladora», en *Obras completas* [6].

Al tono poético de la obra contribuyen también las acotaciones, que un espectador, teóricamente, no lee, pero que ofrecen, sin duda, una significativa aportación a la belleza de la obra. Como señala María de Gracia Ifach [7], la «prosa de las acotaciones contiene aciertos singulares, a veces tan bellos o más que el texto poético».

He aquí algunos ejemplos en los que predomina lo poético. Para escogerlos hemos dejado algunas otras acotaciones que nos muestran el mundo de la guerra en endiablado barroquismo de elementos desencadenados:

> *La escena se oscurece hasta quedar bajo una luz de lucero de la tarde. Las figuras quedan inmóviles y oscuras viendo venir a los hombres de la labranza y la pastorería.* EL ETERNO *se levanta y marcha, bajo el encorvamiento del siglo que cuenta, como puede. En el silencio arrecia una música de balidos, tonadas, esquilas y silencio.*
>
> (A. I, c. I, e. III)

> *Entra en una llamarada de juventud, un* GRUPO DE MOZOS. *El alba se enciende más con ellos.*
>
> (A. I, c. III, e. I)

> *Todos quedan vueltos, como chopos en estado incandescente, hacia el cuerpo del* COMANDANTE *y de Madrid, que levanta sus edificios como si hiriera ante la luz. Pedro ata un pañuelo alrededor de su brazo derecho. El sol da sobre los hombres, la ciudad, los fusiles y las cosas, haciéndolos alumbrar, como si tuvieran luz propia. El estruendo enemigo disminuye huido y dominado.*
>
> (A. III, c. III, e. IV)

> *Una luz ancha, de día de reposo del trabajo, resplandece sobre las personas y la tierra, haciéndolas más hermosas y más grandes en el corazón de la vida.*
>
> (A. IV, c. II, e. II)

---

[6] MIGUEL HERNÁNDEZ: *Obras completas*, cit., p. 353. JOSÉ MARÍA BALCELLS en *Miguel Hernández, corazón desmesurado*, cit., pp. 193-195, realiza un estudio de las variantes de las dos versiones que se conocen de esta canción.

[7] MARÍA DE GRACIA IFACH: *Miguel Hernández, rayo que no cesa*, cit., pp. 205-206.

Hay que señalar, pasando a otro asunto, que las preocupaciones de Miguel han cambiado mucho y que aquellos temas que habían estado tan presentes en su obra anterior, como la naturaleza, los ambientes populares y las costumbres, quedan en esta obra reducidos al conflicto dramático central: la guerra, que es el tema obsesivo que todo lo condiciona.

Aun así, el amor por la naturaleza se descubre en las acotaciones como la que hemos recogido de la puesta del sol, así como en numerosas imágenes, algunas de extraordinaria crudeza. Recogemos una en la que el término imaginario no corresponde con su belleza o su lozanía natural, sino con su color. Son las palabras que uno de los Traidores dirige al extraviado Comandante al que van a fusilar:

> Ignorancia de venado
> fue la tuya, Comandante.
> Viniste a parar delante
> de nuestras bravas pistolas,
> que han de cubrir de amapolas
> tu pechera de ignorante.

(A. III, c. II, e. I)

Presente está también un tema que para Miguel resulta obsesivo del mismo modo y que vemos en su poesía y en su teatro: el de la procreación, que el poeta expresa en esta obra a través de las palabras del parlamento de Ana después de haber entregado su virginidad al Pastor, que alcanzará sus propias conclusiones sobre el tema, comparándolo con la imagen campesina de la siembra:

PEDRO.

> ¿Qué deshonra puede haber,
> mujer, en que yo te quiera
> y en que, al quererte y quererme,
> juntemos como en la siembra
> el trigo al surco, mi cuerpo
> a tu cuerpo de belleza?

(A. I, c. III, e. I)

Para cerrar este capítulo, habría que hablar del extenso poema en alejandrinos que aparece al final de *Pastor de la muerte*. En otra versión de *Obras completas* figura con el título de «Canto de la Independencia»[8] y constituye una bella y definitiva conclusión de lo que en la obra se ha venido repetidas veces recalcando: que la lucha de los republicanos es contra los «tigres» invasores que quieren poner el país en manos de potencias extranjeras. El poema se halla en la línea de otras composiciones del momento, como las que figuran en *El hombre acecha,* y contiene el genio guerrero de Miguel reflejado en la vehemencia de unas imágenes expresionistas y en la dureza de un verso sólida y sustantivamente constituido, donde lo accidental o lo superficial no existe:

> Ellos cierran la boca como una piedra brava
> y aprietan la cabeza como un siglo de puños,
> cerrados, agresivos, llenos de espuma y lava,
> contra aquellos que quieran arar nuestros terruños.
>
> Rayos de carne y hueso, carbonizan a aquellos
> que atacan su pobreza, su trabajo, su casa.
> Yo voy con este soplo que exige mis cabellos,
> yo alimento este fuego creciente que me abrasa.

> > > (A. IV, c. III, e. f.)

Aunque, como en tantos textos hernandianos, el final quede coronado por el anhelo de la paz, de la libertad y del triunfo y permanencia de la causa popular:

> España se levanta limpia como las hojas,
> limpias con el sudor del hombre y las mañanas.
> Y aún sonarán las voces y las pisadas rojas
> cuando el bronce se arrugue y el cañón críe canas.

> > > (A. IV, c. III, e. f.)

---

[8] MIGUEL HERNÁNDEZ: *Obras completas,* cit., p. 351. Vid. JOSÉ MARÍA BALCELLS: *Miguel Hernández, corazón desmesurado,* cit., pp. 190-193, donde compara las dos versiones.

I. EL AUTO SACRAMENTAL

Miguel Hernández escribe *Quien te ha visto y quien te ve y sombra de lo que eras* poco después de publicar *Perito en Lunas*. Es sin duda un original y valioso intento de volver al auto sacramental, de tan arraigada tradición en nuestro teatro áureo [1]. Nos hemos referido al espíritu católico y teológico que entonces tenía Miguel bajo la influencia directa de su amigo Ramón Sijé. Atraído en ese momento por el gongorismo, nos muestra el poeta con esta obra un atractivo universo poético de signo clásico.

El modelo del auto hernandiano está, como tantas veces se ha señalado, en los autos sacramentales de Calderón [2], y lo hemos podido ver con todo detalle al

[1] CONCHA ZARDOYA: art. cit. de *Revista Hispánica Moderna*, p. 277, apunta varias razones por las que pudo decidirse Miguel Hernández a escribir un auto sacramental.

[2] Vid., por ejemplo, el cit. art. de BERTINI, p. 288. Y también GUERRERO ZAMORA, op. cit., pp. 391 ss.; CONCHA ZAR-

estudiar el lenguaje poético. Su mayor originalidad estriba en la inmersión dentro de su mundo vital del poético-sacramental, en la cumplida visión de la vida rural que es constante en su producción dramática, en la permanente presencia de sus experiencias personales [3]. La *Biblia,* como muestra de poesía grandiosa, atraía poderosamente a Miguel. En su comentario a *Residencia en la tierra* escribió: «Me emociona la confusión desordenada y caótica de la Biblia, donde veo espectáculos grandes, cataclismos, desventuras, mundos revueltos, y oigo alaridos y derrumbamientos de sangre» [4].

La definición del auto sacramental que el profesor Valbuena propone, «una composición dramática (en una jornada), *alegórica* y relativa, generalmente, a la Comunión» [5], sirve perfectamente para caracterizar *Quien te ha visto y quien te ve,* pero uno de sus elementos sólo se adapta de manera externa. Miguel Hernández no se resuelve a romper con la tradición del acto o jornada únicos y habla de tres partes que, en realidad, por su longitud y sentido, son tres actos completos [6]. El carácter *alegórico,* que Valbuena introduce en la definición tradicional, es especialmente sentido en *Quien te ha visto y quien te ve.* Miguel Hernández tenía ya un gran dominio del lenguaje simbólico por medio de la utilización de metáforas, símbolos y alegorías. El auto es, pues, un terreno muy

DOYA, art. cit. *Revista Hispánica Moderna,* pp. 277 ss.; CANO BALLESTA: *La poesía de Miguel Hernández,* cit., pp. 30 ss.; R. INNOCENTI: art. cit., pp. 176 ss.

[3] BERTINI, art. cit., pp. 291 y 298, hace hincapié en el sentido autobiográfico. Vid también el art. de RAMÓN SIJÉ: «El Comulgatorio espiritual», Taurus, cit., p. 304.

[4] *Obras completas,* p. 965. BERTINI señala las relaciones con el *Génesis,* el *Cantar de los cantares* y el *Evangelio* de San Lucas, art. cit., pp. 295-297. ZARDOYA, art. cit., p. 281, analiza minuciosamente «las escenas rigurosamente originales de Hernández».

[5] ÁNGEL VALBUENA PRAT: «Los autos sacramentales de Calderón (Clasificación y análisis)», *Revue Hispanique,* LXI, 1924, p. 7.

[6] CONCHA ZARDOYA, art. cit., p. 278, indica que «también teme usar el término moderno de "Cuadro", y así lo sustituye por "Fase"». Notemos, sin embargo, que la división en fases aparece después en *Los hijos de la piedra* mientras que en *El labrador de más aire* y en *Pastor de la muerte* se acude a los cuadros, sin que haya explicación para este cambio.

adecuado para la utilización profusa de este lenguaje barroco.

Dentro de la clasificación que Valbuena hace de los autos calderonianos, el de Miguel formaría parte de los llamados *autos filosóficos y teológicos,* porque en ellos «lo central es el desenvolvimiento de una idea filosófica o la visión de la historia teológica de la humanidad» [7]; entre éstos están *La vida es sueño* y *El veneno y la triaca,* que dramatizan la Creación, Caída y Redención del Hombre. Pero también guarda relación con *Los encantos de la culpa,* auto clasificado entre los de tema mitológico porque en él «se da un carácter trascendental y simbólico a la leyenda de Ulises detenido en una isla por la hechicera Circe (El Hombre, Ulises; La Culpa, Circe). Los personajes que acompañan al Hombre son el Entendimiento y los Cinco Sentidos» [8].

Los Cinco Sentidos son también personaje central de otro auto sacramental de nuestro siglo: *El hombre deshabitado,* de Rafael Alberti [9]. Este se centra, como el de Miguel Hernández, en el tema de la Creación y Caída del Hombre. En la autocrítica precisaba su autor: «Apoyándome en el Génesis, en *El hombre deshabitado* desarrollo, desde su oscura extracción de las profundidades del subsuelo hasta su repentino asesinato y condenación a las llamas, un auto sacramental (sin sacramento) libre de toda preocupación teológica pero no poética» [10]. La parte final

---

[7] VALBUENA: art. cit., p. 46.

[8] VALBUENA: art. cit., p. 145.

[9] Sobre esta obra señala su autor: «Yo, mientras escribía el libro *Sobre los ángeles,* pensé —al hacer un poema que se llamaba "El cuerpo deshabitado"— en que allí tenía el tema para una obra. Escribí, pues, *El hombre deshabitado,* que corresponde exactamente a la atmósfera de mi libro *Sobre los ángeles.* Esto de habitado y deshabitado siempre me inquietó mucho; así que, dentro de la atmósfera de *Sobre los ángeles,* imaginé *El hombre deshabitado.* Escribí un teatro que, para aquel momento, si no una gran revolución, suponía una pequeña revolución, o, al menos, un intento de revolución, quizá no muy deliberado, pero sí sabiendo que el teatro que se hacía no podía ser la norma. Entonces propuse este teatro nuevo, que golpeó a la gente, para mí, de una manera excesiva y casi inesperada; no pensaba que pudieran encontrar tan extraña una obra como aquélla. Sin embargo, la obra despertó una gran expectación.» «Entrevista con Rafael Alberti», en *El Adefesio,* Aymá, Barcelona, 1977, pp. 26-27.

[10] *ABC,* 19 de febrero de 1931. En ROBERT MARRAST.

de ambos autos es, sin embargo, notoriamente distinta. Mientras que en el de Hernández se produce la redención del Hombre, Alberti enfrenta a la criatura con su Creador (simbólicamente representado por un vigilante nocturno). El Hombre se rebela cuando, a pesar de su arrepentimiento, no le es concedido el perdón. Y la obra termina así:

EL HOMBRE.
Yo también te maldigo.

EL VIGILANTE NOCTURNO.
(*Cogiéndole por el cuello de la chaqueta y haciendo ademán de levantarlo para arrojarle por la boca de la alcantarilla.*) Ya no eres de este mundo. Tu alma ya es desprecio de las llamas. Ahora va a arder también tu cuerpo. (*Despacio, lo hace descender.*)

EL HOMBRE.
Eres injusto.

EL VIGILANTE NOCTURNO.
Sé muy bien lo que hago.

EL HOMBRE.
Te aborreceré siempre.

EL VIGILANTE NOCTURNO.
Y yo a ti, por toda la eternidad [...] [11].

Por eso indica Robert Marrast que «le blasphème final de *El hombre deshabitado* interdit toute solution optimiste. C'est porquoi Alberti nous prévenait dans son autocritique que son dessein avait été d'écrire un *auto sacramental* "sin sacramento"» [12].

Alberti respeta la forma alegórica y la extensión acostumbrada (aunque con la división en un prólogo, un acto y un epílogo) del auto sacramental clásico; actualiza el lenguaje y no emplea el verso, y sólo en la primera parte se atiene al esquema temático establecido. Con su obra, de gran belleza lírica, pretende oponerse al ambiente teatral de la época porque «el teatro estaba generalmente envilecido; era un teatro

Aspects du théâtre de Rafael Alberti, Société d'Edition d'Enseignement Supérieur, París, 1967, p. 27.
[11] Epílogo de *El hombre deshabitado.* En *Teatro* de RAFAEL ALBERTI, Losada, Buenos Aires, 1959, p. 49.
[12] ROBERT MARRAST: *Aspects,* cit., p. 32.

verdaderamente de consumo», y por eso en el estreno de *El hombre deshabitado* se armó un gran jaleo. «Mucha gente aplaudió; otra abucheó; estaban viendo la obra de los Quintero, Benavente, y una serie de autores tradicionales contra los que yo, personalmente, no he tenido nunca nada. Yo hablé y grité un "¡Muera la podredumbre de la actual escena española!", que, lógicamente, irritó a un sector»[13].

Hemos indicado que en *Quien te ha visto y quien te ve* se ponen en escena tres momentos cruciales de la historia de la salvación del Hombre: creación-caída-redención, que se corresponden plenamente con las tres partes de la obra: Estado de las Inocencias, Estado de las Malas Pasiones y Estado del Arrepentimiento, representados con plasticidad como «un campo de nata de almendros y nieves», «un vergel nocivo, reino de la sensualidad» y «cualquier lugar de una mansión al filo del desierto»[14]. Mientras que la parte inicial tiene un desarrollo lineal con la evolución desde la inocencia a su pérdida, en las otras dos, divididas en fases, hay, como veremos, una subestructura interna de planteamiento-nudo-desenlace. Los personajes (y esto es otra muestra de la relativa independencia de cada una de las partes) no son los mismos en las tres, y la división que Hernández hace en principales y accidentales ni siquiera se mantiene en lo externo, porque en la tercera parte se agrupan todos.

Los personajes de la parte primera son: Esposo, Esposa, Amor, Inocencia, Deseo, Los Cinco Sentidos, Hombre-Niño y Carne (principales), y la Virgen, los Angeles, el Sueño, el Viento, el Ruy-señor, la Abeja, la Mariposa y la Rosa (accidentales). Su presentación escénica (anciano, anciana, palmera, espuma, chivo y villanos) tiene un doble valor, el de la simbología barroca propia del alegorismo (palmera-espuma *frente a* chivo-villanos) y el de la funcionalidad dramática, al representar a los Sentidos como villanos que, subor-

---

[13]   «Entrevista con Rafael Alberti», cit., pp. 27-29.

[14]   Si esta estructura global es muy clara, lo son menos las divivones de las partes. La primera tiene doce escenas. La segunda, tres fases (anterior-interior-posterior) con otras doce escenas cuya numeración es correlativa; y la tercera, también tres fases con quince escenas cuya numeración se inicia en cada fase (1-3, 1-5, 1-7).

dinados al Deseo (un chivo), personalizan la actitud social y revolucionaria [15].

La obra comienza con las preguntas del Hombre-Niño al que se supone desconocedor de todo. Las interrogaciones se enlazan: aire-viento-Dios. Después de Dios no hay nada, manifestación negativa que da idea del carácter absoluto de la divinidad. Si con la explicación de lo que es el viento Miguel Hernández puede ya establecer conexiones con la naturaleza, con la definición de Dios expresa una actitud que une lo teológico con la visión personal y el temor al conocimiento:

> Esposo.
>
> Es el único acomodo
> que hallarás, bueno y sencillo,
> al fin; el Perfecto Anillo,
> el Sin-Por-Qués y el Por-Todo.
> Y no quieras más saber:
> que si ahora tu afán porfía
> por saber, llegará un día
> en que sabrás sin querer.
>
> (P. I, e. I)

Esta escena primera resume el estado de des-conocimiento y, por tanto, de inocencia. Y concluye con un deseo (que actúa funcionalmente como presagio) de que continúe esa ignorancia que implica falta de malicia:

> Sigue ignorando el secreto
> del que tú llevas la clave.
> Aún todavía no sabe
> de qué está tu cuerpo hecho
> tu vida, puro barbecho.
>
> (P. I, e. I)

En la escena siguiente la Esposa cuenta al Esposo un sueño que expresa sus temores sobre el hijo, «un árbol que apunta y aún no es árbol», y que enlaza con el presagio anterior. En un momento lleno de lirismo se alude al tema de la procreación (tan querido de Miguel y repetido en su obra) que aquí, como es lógico, se une a consideraciones propias de un auto:

---

[15] Vid. Juan Cano Ballesta: *La poesía de Miguel Hernández*, cit., p. 297, y *La poesía española entre pureza y revolución (1930-1936)*, Gredos, Madrid, 1972, p. 165.

> ¡Crear!, por recrear y recrearnos:
> tal fue mi pensamiento.
> Todo el que crea y siembra, es más que algo;
> es algo Dios, si menos.
>
> (P. I, e. II)

Como poderoso contraste con las líricas acciones anteriores, en las que el presente del Niño les ha llevado a su pasado (concepción y nacimiento) y a su futuro (sueño), el Esposo manifiesta su preocupación por el mal que los Sentidos puedan causarle:

> ¡Todo para que un día los sentidos,
> que hoy usa y no conoce,
> se le vuelvan traidores enemigos
> de amigos que son nobles!
>
> El día que tropiece con el tacto
> y caiga con los ojos,
> por el olor rendido y alterado
> por el gusto y los soplos
>
> del Deseo, que pasa por la oreja,
> como por cualquier parte,
> al corazón...
>
> (P. I, e. II)

La Esposa añade, como en una especie de barroco desengaño: «¡Ay de él y su Inocencia!»[16].

La repugnancia que siente la Inocencia (de Espuma) ante la presencia del Deseo (que parece un Chivo), aun antes de conocerlo, sitúa la oposición que mantendrán en el auto. Aparecen los principales personajes simbólicos (también el Viento —de Cristal— y el Amor —de Palmera Sola—) en un barroco «juego de apariencias». Nos interesa destacar de nuevo algo que es constante en toda la obra y que, a nuestro juicio, es causa de su excesiva longitud y, al mismo tiempo, de su falta de verdad teatral: la intención poética más que dramática del autor. Miguel Hernández se detie-

---

[16] En el Prólogo de *El hombre deshabitado* el Vigilante Nocturno advertía al Caballero (Hombre) de los peligros que los Sentidos encerraban: «Estos cinco compañeros inseparables que van a seguirle por todos los lugares de la Tierra, pueden, si su alma no sabe conducirlos, jugarle una mala partida. La traición, el robo y hasta el asesinato se esconden debajo de esas apariencias monstruosas. Le aconsejo mucha vigilancia para que no se le desmanden. Su salvación y perdición están en ellos. No lo olvide.» Edic. cit., p. 18.

ne en cuanto le es posible en intervenciones y descripciones poéticas, formando constantes remansos líricos que contienen y reprimen la acción. Sírvanos de ejemplo el bellísimo diálogo entre la Inocencia y el Deseo, con inclusión de las historias de cada uno, que *dramáticamente* entorpecen la unión entre las palabras iniciales de la Inocencia:

> ¡Oh qué mal olor de orín!
> ¿Quién por estos lados anda
> que inficionando los aires,
> su invisible ser delata
> repugnantemente?

y el diálogo posterior:

DESEO.

> No te conozco, Inocencia;
> aunque te veo retratada
> de blanco en todo este campo.

INOCENCIA.

> Yo a ti tampoco; aunque pasas
> de negro y de olor barbado,
> y a todo le desagradas.

(P. I, e. III)

Porque, tras esas largas presentaciones, siguen sin conocerse, su relación como personajes de un drama no ha avanzado lo más mínimo. Esto caracteriza la estructura del auto, al igual que lo definen la belleza poética de esas intervenciones, su directo sentido vital y su ruralismo.

Algo semejante podemos decir de la presencia del Amor, de su autodescripción y del enfrentamiento Amor e Inocencia-Deseo. El Viento, finalmente, con sus avisos y su paso transitorio une a la belleza de la idea poética la inoportunidad escénica del anuncio de unos personajes cuya presencia debería bastar. Por tanto, es en el mismo desarrollo de la acción y no en la externa complicación de algunas acotaciones [17] don-

---

[17] Recordemos, por ejemplo, en P. I., e. V: «Agita una campana sordo-muda, y al momento se pone el teatro celestial: cae del cielo, como una catarata escalonada, una escalera, ni de cristal ni de oro, de una materia inmaterial; la abarandan dos hileras de ángeles, y en ella aparece una Señora conocida tan sólo de madera en los altares, que desciende hasta acariciar la frente serena del tierno adormido. Un lucero grande, como un Espíritu Santo, aletea plata, en pleno día, en la cumbre

de se encuentra la verdadera dificultad para la representación del auto.

El Hombre-Niño va corriendo detrás de una mariposa (símbolo del peligro —caída— y del desengaño «duda salpicada»—) y se encuentra con la Inocencia y el Amor. El Deseo acecha oculto. Se marchan aquellos «por ver si alguna serpiente / pone su malicia en danza», «el ruy-señor detiene su canto, que lanzaba con un fervor místico, y el Viento se hace vago, ocioso, hasta perderse en silencio del teatro». El Hombre-Niño, dormido, tiene un sueño que se visualiza en el escenario, en el que la Virgen le ofrece protección y le dice «el cuento del suicida». Desaparece la visión (indicando de modo superrealista que «Dios recoge su escalera plegable como un acordeón musical»). Los ángeles huyen en desbandada y aparecen el Deseo y los Sentidos.

Desde este momento la acción es un envés de lo que hasta entonces se ha visto. Las palabras de ellos manifiestan palmariamente sus intenciones:

MIRAR.
> ¡Alegráos, hermanos!:
> aquí nuestro amo está,
> que en nuestro siervo, pronto,
> habemos de tornar.
> [...]

OÍR.
> ¡Guerra! ¡Guerra a nuestro amo!
> que nos miraba mal,
> porque no nos miraba
> más que a la hora de usar
> de nosotros: a la hora
> del trabajo.

TOCAR.
> ¡Afilad
> vuestras armas! Tenemos
> que pedirle el jornal
> de la labor llevada
> a cabo en su heredad
> gratuitamente... Y... ¡bueno!,
> ¡ay de él si no lo da!

(P. I, e. VI)

nevada de un almendro. El campo se virginiza de azucenas, que brindan por la llegada del Alba Mayor, empuñando su vaso blando, agobiado por el licor frío del relente.» En Miguel hay una positiva voluntad de barroquismo en las acotaciones hasta el punto de que en la parte tercera, fase anterior, escena III, señala: «En seguida, *un gran aparato de truenos,* como dice Calderón.»

Hay, pues, una clara intención social, una referencia directa que después se concreta aún más al mencionar el puñal, la hoz y el azadón. Los Sentidos ayudan al Deseo a salir de donde estaba oculto y se alían para tentar al Niño (representado con una doble metáfora rural: «la *finca* cuyos campos / hemos de *laborar*»). De manera confusa y con una actitud coral se presentan como unos criados, desconocidos para el Niño, que piden razonablemente lo que es suyo. Llama particularmente la atención en esta escena, de intenso dramatismo, la insistencia una y otra vez en la *razón* de sus demandas, en términos de estricta justicia:

> Lo que pedimos es
> claro como el cristal
> como Dios y el zapato
> más justo que cabal.
>
> (P. I, e. VI)

Este sentido de justicia es la piedra angular en la que se sustentan todas las ideas sociales de Miguel. Y, además, la referencia al capital («¡Abajo el capital!») y la amenaza de las herramientas de trabajo convertidas en armas mortales:

> Las hoces
> sirven para segar:
> pero yo he descubierto
> que sirven además
> para humillar cabezas,

se identifican muy exactamente con las ideas e incluso con las imágenes («la hoz ajustándose a las nucas») del poema «Sonreídme» (*O. C.*, p. 260). Por tanto, no debemos olvidar esta *coincidencia* ahora ni cuando la Voz de la Carne proclama que «todos los bienes son de todos» y los Cinco Sentidos hablan «en plan mitinero» sobre la igualdad, la huelga general y la explotación (P. II, e. VII), aunque allí, a la luz de su significado en la obra (animar al hombre para que mate al Pastor y le robe), y por la inclusión de disparates («no hay hombres criminales»), la perspectiva nos lleve a juzgar negativo cuanto dicen.

Frente a la movida escena anterior, la siguiente es de pausada reflexión. El Niño, desconcertado, va dándose cuenta paulatinamente de lo que ocurre. Se hiere con las espinas de la rosa y siente la picadura de la abeja. Por los sentidos va adquiriendo conocimientos y experiencias. Y éstos le conducen inexorablemente al dolor. El Amor le explica después quiénes son esos cinco personajes, sus siervos, y le avisa de que pueden volverse contra él. Por eso le dice:

> De que sus atribuciones
> no usen de ti, al revés, cuida;
> de que te hieran sus armas;
> de no despertar la envidia
> de tus siervos, de tus perros
> la rabia de sus encías;
> y de que tus opiniones
> no se vean divididas
> y hagan distinción de todo
> distintamente distintas.
> Para eso te dio Dios,
> además, esa luz íntima,
> esa razón, que ha de ser
> razón de ser de tu vida.
> Para que con mano dura
> pongas al Deseo bridas,
> que es potro que se desboca
> en cuanto ve en la campiña
> una carretera fácil
> con un lejos de mentiras.

(P. I, e. VIII)

Esta ascética consideración del dominio de los Sentidos por la inteligencia es habitual en los autos barrocos. Pensemos, por ejemplo, en el final de *Los encantos de la culpa,* cuando el Hombre se separa de la Culpa y se dirige al Entendimiento:

> Dices bien, Entendimiento;
> de aquí mis sentidos saca.

Los Sentidos y el Deseo, en una escena que recuerda, quizá con demasiada evidencia, la de la Pasión de Cristo, prenden y atan al Amor y a la Inocencia. El Hombre-Niño niega conocerles y en ese momento canta un gallo. Como *ha decidido* (tiene ya el conocimiento) su camino, no reacciona ante los azotes al Amor y a la Inocencia, y mientras «respira anhelante, como si se ahogara», va cayendo progresivamente en la tentación, se deslumbra ante la lujuriosa visión de la naturaleza que el Deseo le describe. Cuando la tentación se materializa en la Carne, que con aspecto y forma de serpiente danza con una manzana en la mano (no olvidemos el primitivo título del auto), el Niño duda y un mal presagio se agita en su mente:

141

¡Ay!, que en esa dulzura veo un acedo
final; en ese hoy breve veo un mañana
eterno, y si mi pie me lo permite,
contra el imán mis pasos ejercite.

(P. I, e. X)

Pero la Carne danza más lúbricamente y los Cinco
Sentidos lo acosan. Es lástima que esta medida evolución concluya tan ingenuamente:

CARNE.

Yo morderé, contigo, el seno,
por quitarte el temor de si es veneno.

(*Muerde la manzana y se la da a morder al* HOM-
BRE-NIÑO *con un gesto sabroso.*)

¿Dudas aún?... ¿Rehúsas mi regalo?
(¿Qué inventaré para que mío sea?...
¡Ah, sí!: el llanto.) ¡Qué duro eres! ¡Qué malo!

(*Llora, y dice a los* CINCO SENTIDOS *y al* DESEO.)

(¿Qué os parece?)

DESEO.

(Tuviste buena idea.)

HOMBRE-NIÑO.

¿Qué haces?

CARNE.

Llorar por ti.

HOMBRE-NIÑO.

¿Sin darte palo
ni pedrada? No llores, ¡vamos, ea!

CARNE.

¿Cómo no he de tornar mi rostro un río,
si no gustas de un gusto que es el mío?

HOMBRE-NIÑO.

Por no verte llorar... ¡Dame del fruto!

(*La* CARNE *se lo pone en la boca con una solicitud
pecadora y alegre.*)

CARNE.

¡Oh, mi querido amado! ¡Muerde! ¡Muerde!

HOMBRE-NIÑO.

(*Tristísimo después de haber comido.*)

¿Qué tiene esa dulzura de minuto,
que me amarga comida como verde?

(P. I, e. X)

Los Sentidos se manifiestan entonces como son, le
insultan y se burlan de él. La Carne sigue su danza.

«El Estado de las Inocencias» se va tornando «en un paraíso vicioso de higueras, manzanos y toda clase de árboles sensuales» y el Deseo exalta la naturaleza con sus gongorinas octavas.

El Niño se da cuenta de que ha pecado, pero no se resuelve a nada, siente vergüenza de sus padres y se esconde. Es el final de la historia de la caída del Hombre. Ante el reproche paterno, responde con una reflexión sobre la miseria de la condición humana:

> ¡Cómo evitar la embestida,
> si al darme, padre, tu vida,
> me diste tu condición!
>
> ¡Cómo había de evitar
> la terrible inconveniencia
> de la que fui consecuencia,
> de la que me hizo alentar!
> ¡Cómo, si me diste par
> sangre a la tuya, su brío
> y su ardiente poderío,
> evitar lo inevitado!...
> ¡Padre, sobre tu pecado
> está concebido el mío!
>
> (P. I, e. XII)

El hijo ha perdido Inocencia y Amor y por eso se rebela contra los esposos; cree injusto su nacimiento uniendo en él sexo y pecado, de acuerdo con la tradicional concepción cristiana:

> Porque miraste hacia fuera,
> con gana de ver portentos,
> y entre los cuatro elementos
> uno te hicieron: hoguera.
> Dejaste que consintiera
> tu voluntad toda cosa.
> Toda la mujer hermosa
> te inspiraba un frenesí,
> y tú me espiraste a mí
> en el vientre de tu esposa.
>
> (P. I, e. XII)

La maldición bíblica del trabajo cierra esta parte que, como dijimos, dramatiza linealmente el paso de la inocencia al pecado, siguiendo con fidelidad la historia bíblica. La introducción del tema social, con las peculiaridades que hemos comentado, es el rasgo temático más personal que encontramos en ella.

El «campo de nata de almendros y nieves» se muda en la parte segunda («Estado de las Malas Pasiones»)

143

en «un vergel nocivo, reino de la sensualidad». Algunos personajes han desaparecido y se añaden otros (Pastora y Pastor entre los principales, las Cuatro Estaciones [18] y los Cuatro Ecos entre los accidentales). El desasosiego que el Hombre-Niño tenía al final de la parte primera se muda en la soberbia satisfacción del hombre al ver su imagen reflejada en el agua:

> HOMBRE.
>
> ¿Yo? Y ¿es esa mi criatura?
> ¡Qué gozo! ¡Yo plural! ¡Yo repetido!
> (*Abocándose más interesado de sí mismo.*)
>
> A ver, a ver: ¿cómo ando de hermosura?
> (*Se contempla coqueto.*)
>
> No estoy mal: grandes ojos, frente buena,
> agraciada figura,
> alta sien, boca roja, tez morena.
> Sólo me da recelos
> de fealdad esta barba... ¡Sobran pelos!
> ¡Dime, Deseo, dime!
> ¿Cómo no llegué a ver antes de ahora
> mi persona sublime
> en el limpio reflejo?
>
> (P. II, e. I)

Pero el Deseo rompe esa imagen tirando una piedra al agua, en un presagio de lo que hará la Muerte al final. El sueño siguiente acentúa el augurio.

Las Cuatro Estaciones, presentadas coralmente como vendedoras, son requeridas por el Deseo para que ofrezcan al Hombre sus productos. En toda la escena hay una barroca repetición de una idea no menos barroca: la resolución de todo en la nada. Y el Hombre, al despertar, exclama:

> ¿Tengo ya la sepultura
> en su sitio esperándome y abierta?
> Eso parece, cuando
> apenas de una muerte me despierto,
> que otra me está esperando,
> con sus cuatro ayudantes, quedamete.
> ¡Venid! ¡Llegad! ¡Cargadme! Aquí estoy muerto,
> y de cuerpo presente.
> (*Se tiende imitando la última figura.*)

---

[18] Al igual que los Cinco Sentidos, las Cuatro Estaciones son personajes frecuentes en los autos (por ejemplo, en *El veneno y la triaca* de Calderón) y lo son asimismo los Pecados Capitales que aparecen en la parte III (como en el calderoniano *A María el Corazón*).

¡Ea! Echáos mi peso;
peso poco y tenéis dura la mano.
¡Poco trabajo va a tener conmigo,
poco manjar, el infeliz gusano!

(P. II, e. II)

Desde el momento del pecado el Hombre camina ace-
leradamente hacia su propia destrucción.

Las Estaciones van diciendo lo que tienen, lo que
da ocasión al autor para, una vez más, mostrar su conocimiento del mundo rural líricamente embellecido.
El Hombre elige el Estío sin saber para qué hace la
elección. Pide de él «pan de junio» y entonces, iróni-
camente, su preferencia se conecta con la maldición
del trabajo y el Estío le va dando «los menesteres del
segador» (como en *El gran teatro del mundo* se re-
parten los *papeles*). Ha sido, pues, esta fase un planteamiento dramático de lo que después sucederá.

El Hombre (fase interior) está trabajando con fu-
ror, solo, un trigal «eterno de grande» y sin una sombra bajo la que cobijarse. Rendido, se queja, y la voz
del Deseo lo acucia constantemente. Plásticamente
advertimos la discordancia entre la *apariencia* de los
placeres que el Deseo le ofrecía y la *realidad* de su
situación tras el pecado. El juego de apariencias se
resuelve de modo barroco en la confusión sueño-muerte. Un pastor, «memoria aparente de Abel», le hace
sombra y aire, oxea los insectos y le da agua. Su actitud y sus atenciones simbolizan el estado de gracia al
que quiere conducir al Hombre:

PASTOR.

¿Quieres conmigo venir?

HOMBRE.

¡No puedo, Pastor, subir!

PASTOR.

Y ¿por qué no puedes? ¡Vente!
Yo te enseñaré la senda:
uno tras otro, los dos
llegaremos a mi tienda.
¡Es cosa tan estupenda
estar cerquita de Dios!
¡Vente! ¡Está Dios tan cercano!
¡Anda!

HOMBRE.

No puedo. No puedo...

(P. II, e. V)

Del mismo modo simbólico alude a su condición de pastor y sus palabras nos hacen pensar en el propio Miguel y en su costumbre de introducir en sus obras teatrales un personaje reflejo suyo, que suele ser un pastor. Tras este momento de bienestar, el Hombre se arrepiente, pero sólo de haber elegido el Estío en vez de otra estación. La apariencia le ha hecho confundirse porque el problema es anterior y más hondo:

> Deseo.
>> No entiendo lo que te pasa.
>> ¿Quieres decirlo al momento?
>
> Hombre.
>> ¡Nada! Que otra sed me abrasa
>> y otro sudor sobrepasa
>> las sienes del pensamiento.
>
> Deseo.
>> (¡Malo! Se me echó a perder.)
>
> Hombre.
>> Como el singular pastor,
>> ¡ay, Dios!, yo quisiera ser:
>> ¡tener altura!, ¡tener
>> rebaño!, ¡tener amor!
>
>> (P. II, e. VI)

El Deseo hace al Hombre identificar la posesión espiritual del Pastor, que es lo que aquél anhela, con su ganado y le dice: «Teniendo fuerza y valor / a todo tienes derecho.» Esta manifiesta injusticia hay que ponerla en relación con las palabras de justicia y razón que los Sentidos pronuncian en la escena VI de la primera parte. Una importante precisión es que, al igual que aquí pretende engañar al Hombre, allí el Deseo pretendía burlar a los Sentidos y, por eso, no podemos considerar de igual modo al Deseo y a los Sentidos. (El Deseo, en un aparte, indicaba que no tenía intención de dividir la ganancia sino de conseguirla entera). El medio de tentar ahora al hombre es fomentar la soberbia que de otro modo había sentido éste al contemplarse en el agua. Y añade que si mata será alguien que tiene «muchos puntos de contacto» con Dios. (En un sentido inverso, en P. I, e. II, se aludía, como vimos, al poder humano de dar la vida, lo que hacía al Hombre «algo Dios».) La Carne lo incita también a dar muerte al Pastor y a quedarse con sus bienes y muestra una curiosa manera de espolearlo al enfrentar las compañeras, «pastora» y «labradora»:

> ¿Vas a dejar que tenga una pastora
> más poder, más encanto
> que tu bella y pulida labradora
> que te enamora tanto?

> (P. II, e. VII)

Después indica, con interpretación obviamente abusiva esta vez, que «todos los bienes son de todos». Los Sentidos, que hablan «en plan mitinero», personifican también la tentación, en unos momentos dramáticamente muy interesantes, con un conseguido dinamismo y una tensión creciente en la violencia y contenido de sus intervenciones. La misma mezcla de evidentes verdades («el mundo es para todos») y auténticos dislates («la riqueza es de aquel que la acapara»), con llamadas a la huelga general y manifestaciones contra Dios («Dios es un mito») y contra la religión («La religión un tétrico sistema / de incienso que perfuma podredumbre»), que hacen recordar las del mencionado poema «Sonreídme» («Vengo muy dolorido de aquel infierno de incensarios locos»), puede interpretarse como producto deliberado del Deseo de crear un clima de caos y de anarquía. La escena culmina en un auténtico estallido de gritos, con la obsesiva repetición del «¡Mata!», que llega casi a obligar físicamente al Hombre a admitir el crimen:

TODOS.
                    ¡Abajo! ¡Abajo!
        (*Todos se remueven furiosos y encabritados.*)

DESEO.
        (*Atizándolos y al* HOMBRE.)
                                        ¡Ea!
        ¿Qué aguardas aún, criatura,
        cuando el río torrente se desata
        e impone su sangrienta dictadura
        a todo el valle? ¡Mata!

        Corre al frente del río,
        que no te arrolle su furiosa plata
        y perezcas en él.

CARNE.
                        Marido mío,
        atiende a tu deseo.

147

DESEO.

¡Mata! ¡Mata!

CARNE.

Súbete al monte y haz mi dicha entera
y la estrechez de tu vivir dilata.

DESEO.

¡Mata! ¡Mata, criatura!

LOS CINCO SENTIDOS Y LA CARNE.

¡Muera! ¡Muera!

HOMBRE.

¡Está bien!

DESEO.

¡Mata! ¡Mata!

(*El* HOMBRE *ha de verse batallando atrozmente con
pasiones, pensamientos, miradas, deseos. Al fin acep-
tará en la esfera de su voluntad el ofrecimiento de
crimen del* DESEO *con un gesto de desgana trágica.
Se irá y todos tras él: la* CARNE, *danzarina eterna;
el* DESEO, *espectador y exigente, y los* CINCO SEN-
TIDOS, *revolucionados, ansiosos del botín en perspectiva.*)

(P. II, e. VII) [19]

Después de ese momento clave, verdadero núcleo
de la segunda parte, se inicia la fase posterior en lo
más alto de un monte, donde vive el Pastor. La Pastora reclama su presencia con versos amorosos de tono
místico y lo duerme con una hermosa nana. Aparece
entonces el Hombre con el Deseo y con ese hallazgo
de Miguel que son los Cuatro Ecos, con cuatro espe-
jos de roca en las manos [20], que objetivan la conciencia del Hombre y le invitan a la reflexión:

¡Ay de mí! ¡Cómo me advierte
la pétrea repetición
que será tu promisión
crimen, nunca, daños, muerte!

(P. II, e. IX)

---

[19] Recuérdese al respecto la escena de *El hombre deshabitado* en la que los Sentidos convencen al Hombre para que
admita en su casa a la Tentación, que actúa como aquí el
Deseo. Edic. cit., pp. 28-29.
[20] Sobre la experiencia de los Ecos, vid. MARÍA DE GRACIA
IFACH: *Miguel Hernández, rayo que no cesa*, pp. 103-104.

El Pastor cree que las intenciones del Hombre son muy otras y que sube al monte por lo que él le dijo, pero el Hombre lo desengaña («Prefiero a tu amor tus bienes») y, estimulado por la Carne y los Sentidos, da muerte al Pastor, que le perdona y «cae haciendo la señal de la cruz». Un resplandor rojo lo cubre todo, los Sentidos se jactan de la acción y recuerdan el enfrentamiento entre Caín y Abel, y la Carne presume, como los soberbios ángeles rebeldes: «Somos tan poderosos como Dios.» La Pastora busca a su Pastor con versos que recuerdan a San Juan de la Cruz y los Ecos actúan de contrapunto de sus palabras. Una bellísima elegía (elemento que se repite de diverso modo en *Los hijos de la piedra* —A. III, f. a., e. II—, al final de *El labrador de más aire* y en *Pastor de la muerte* —A. III, c. II, e. II—), con la nueva intervención de los Ecos, es el desenlace de la segunda parte, mientras ha ido amaneciendo como símbolo luminoso del arrepentimiento del Hombre, anunciando un nuevo estado.

En la tercera, hay nuevos personajes (la Voz-de-Verdad, Buen Labrador, Campesino y varios Grupos de los Siete Pecados Capitales) y sólo quedan de antes el Hombre, los Sentidos, la Carne y el Deseo. Se representa el Estado del Arrepentimiento y el Hombre, en un desierto y en total soledad («solo y sin compañía»), dice un monólogo en el que se ve pecador y se siente perdido en el sueño. Lamenta su estado de culpa y la lucha que sostienen en él espíritu y materia, para finalizar pidiendo a Dios su ayuda.

La Carne y el Deseo quieren que vuelva a ellos recordándole la dificultad de librarse de las ataduras del pecado:

> Como al yunque el herrero,
> como el clavo al martillo,
> como la leña al fuego que alimenta,
> como el agua al venero,
> como al pan el cuchillo,
> sujeta está a nosotros tu criatura
> y en vano te ejercitas para el vuelo:
> por más que lo procura,
> no puede desertar la tierra al cielo.
> ¿Quién te ha dicho que el peso y el volumen
> de la piedra redonda
> puede volar?

HOMBRE.

> La altura en que se sumen
> los montes, y la gana de la honda.

CARNE.

> ¡Ah; ya sé!: Tú has oído
> la voz de ese profeta
> que clama contra mí, y a ti, marido,
> nada te reconoce ni respeta.

> (P. III, f. a., e. II)

Se ha pasado, pues, de los deseos de «altura» que el
Pastor había introducido en el Hombre, a un nuevo
personaje, profeta y Voz de Verdad que va a ser también objeto de las iras del Deseo y de la Carne. El
Hombre busca desesperadamente la razón para que le
libre del corrupto mundo de los Sentidos y entonces,
«en el silencio ensordecedor del Desierto», se oye la
Voz que llama a la limpieza por el Bautismo, para
preparar la venida de Cristo, en un palmario recuerdo
del Precursor y su predicación junto al río Jordán:

> Criatura, ¡llega
> a lavarte los pecados
> en el río de la pena!
> El que te ha de redimir
> ¡míralo ya como albea!:
> plantel de heridas su cuerpo;
> su pecho, jarro de miera;
> su corazón, un racimo
> que tus maldades aprietan.
> En un vallado de espinas
> su frente cautiva lleva,
> y aunque se estrechan sus sienes,
> sus pensamientos se aumentan.
> Los clavos lo hacen esclavo,
> por hacerte a ti de veras
> señor. Lleva su costado
> igual que una fuente a cuestas.

> (P. III, f. a., e. II)

En ese instante el hombre se sitúa resueltamente en
oposición a la Carne y al Deseo.

Llama el Deseo a los Sentidos para que traigan la
Voz que se había oído, cuya «memoria aparente» es la
de «Juanazo el Batiste». La Voz sigue pidiendo Arrepentimiento y Penitencia porque Cristo (anunciado
como Eucaristía: manjar-trigo-vid) está cerca. Invocan
la Carne y el Deseo la igualdad ya que «¡Aquí todos
somos reyes / y todos somos vasallos!». El Hombre

quiere seguir a la Voz y se establece una verdadera lucha que concluye con la lasciva danza de la Carne y la muerte de Juan a manos de los Sentidos. El milagro de la Voz, hablando por su cabeza una vez cortada, hace que el Hombre, la Carne y los Sentidos se arrepientan y pidan clemencia, dejando solo al Deseo.

La localización de la fase interior («Un sitio a la entrada del campo, entre una carretera fácil por lo llano y una vereda difícil por lo subido») nos anuncia lo que sucederá después y la elección a la que el Hombre se verá sometido. Los Sentidos quieren perder sus potencias y la Carne, ascéticamente y en un profundo contraste con su belleza presente, afirma:

> Que la verdad de los huesos,
> toda esta calumnia bella
> de mi carne, de mi sangre,
> de mis pechos, de mis venas,
> este falso testimonio
> de mí, los trague la arena.
> No quiero disimular:
> que en levantar la torpeza
> se me ha de ver la verdad
> en forma de gusanera.

(P. III, f. i., e. I)

Los Sentidos repiten a coro: «¡Llora!» y el Hombre resume en un monólogo el cambio que ha experimentado y desprecia sabiduría, dinero e, incluso, la bondad ocasional. Con un acento casi existencial compara esta vida con la otra y recuerda que la presente es «vida para la muerte». El Deseo quiere convencerlos de que «el que no peca no goza», pero todos se rebelan contra su imperio y se afirman sometidos a las tres potencias del alma. De nada vale la arenga [21] lanzada por el Deseo para enardecer sus ánimos, que hace pensar en las del Pastor en *Los hijos de la piedra,* Juan en *El labrador de más aire* y Pedro en *Pastor de la muerte,* y que recuerda en alguno de sus versos la de Laurencia en *Fuenteovejuna.* Cuando el Deseo, vencido de momento, se marcha, el Hombre y la Carne dicen las frases que dieron título a la obra y que

---

[21] En ella aparecen los versos: La revolución social / he de armar en cuanto pueda. / Voy a la *Urreseté* / a dar de todo esto cuenta [...] (P. III, f. i., e. II), cuyo sentido es claramente opuesto, por el tono, el personaje y el contexto, al pensamiento posterior de Miguel, y aparece incluso teñido de ironía.

aluden a su anterior estado de pecado y al actual de arrepentimiento:

> CARNE.
> ¡Quien me ha visto y quien me ve!
>
> HOMBRE.
> ¡Quien me vio y quien me ve ahora!
>
> (P. III, f. i., e. III)

Los Sentidos, sin embargo, dudan y se preguntan si no tendrá razón el Deseo.

Mientras duermen la Carne y los Sentidos por consejo del Hombre, éste, en su soledad, se afinca en el Arrepentimiento y camina hacia el Estado de Gracia en un monólogo en el que se repiten motivos de la naturaleza. Aparece después el Buen Labrador, le ofrece su perdón y anuncia la Eucaristía. La fe ha de guiar al Hombre para avanzar por la senda difícil con el Buen Labrador. Entretanto los Cinco Sentidos y la Carne quedan en un sueño purificador.

Tiene lugar la fase posterior en el campo del Buen Labrador. El Hombre, los Cinco Sentidos y el Campesino cantan una canción de trilla. El Hombre está satisfecho con este trabajo (frente a lo que ocurría con el obligado de la parte segunda, fase interior, escena IV). Las referencias a la naturaleza y al trabajo rural son constantes. El Campesino propone una adivinanza que nos introduce de lleno en el misterio (adivinanza = misterio) de la Eucaristía. Se repiten las alusiones al Pan, al Vino, a la fiesta del Corpus y a la Misa. El Buen Labrador invita al Hombre y en una íntima escena se produce la manifestación o epifanía de la verdadera personalidad del Labrador y una exultante apoteosis eucarística:

> BUEN LABRADOR.
> ¿Quieres tú comer conmigo
> de este trigo sanjuanero
> y de este pan?... Es que quiero
> sembrar, yo que tengo trigo.
>
> HOMBRE.
> Y yo hambre; comeré...
> (*Va a comer el pan que el* BUEN LABRADOR *le ofrece.*)
> Pero, ¿cómo yo?, Señor...
> (*Al mirarle la cara, se le revela la Verdadera Persona en toda su grandeza.*)

BUEN LABRADOR.

¡Come y calla!

HOMBRE.

Un pecador...

(*Se levanta transfigurado de humildad y fe.*)
De rodillas, no de pie...

(*Cae ante el* BUEN LABRADOR *con un gesto ham-
briento del pan que le ponen en el pico.*)

(P. III, f. p., e. III)

Tras esta pacífica y reposada escena, los hechos se
desencadenan con rapidez. La Carne llega ardiendo y
ultrajada por «el Deseo y los suyos», que han prendi-
do fuego a cuanto les rodea. Huyen la Carne, los Sentidos y el Campesino, rompiendo la sublimidad ideal
del momento con un «que si nos cogen, nos pican»
que el Mirar dice. El Hombre pide ayuda al Buen
Labrador, pero éste le exhorta a resistir solo la prueba de la muerte, que se ve venir bajo la hernandiana
metáfora del toro, que antes comentamos.

El Deseo le ofrece paz y la vida si se pasa a su
«partido», pero el Hombre, herido místicamente y
con ansias de vuelo, muere quemado en una hoguera
por los Pecados Capitales. Las últimas palabras del
Deseo expresan, con el empleo de una frase coloquial
(apariencia), la realidad profunda que el Hombre ha
conseguido, en un postrer juego de lenguaje:

> ¡Dadle fuego!, ¡dadle fuego!,
> y que se quede con Dios.

Como hemos procurado señalar a lo largo del análisis del auto, son los valores poéticos los que en él
tienen primacía. Del punto de vista que adoptemos,
dependerá en buena parte nuestro juicio. Si pensamos
en una poesía dramática, en el sentido trágico que la
poesía tiene en algunos momentos, podremos estar de
acuerdo con Guerrero Zamora [22] o con Concha Za-
doya [23]. Si, por el contrario, buscamos valores especí-
ficamente teatrales, veracidad dramática, hemos de
asentir a los juicios negativos de Ruiz Ramón [24]. A

[22] *Miguel Hernández, poeta,* cit., p. 401.
[23] Art. cit. de *Revista Hispánica Moderna,* p. 275.
[24] *Historia del Teatro Español. Siglo XX,* cit., pp. 279-280.
No coincidimos por eso con MARÍA DE GRACIA IFACH, Prólo-

153

nuestro modo de ver, en su conjunto, *Quien te ha visto y quien te ve* es una bella obra poética que su autor, por circunstancias a las que nos hemos referido, realizó con la forma externa de una pieza escénica.

———
go a *O. C.* de Miguel Hernández, cit., cuando afirma que la cósmica poesía de los simbólicos personajes del auto «alcanzaría todo su valor si tomasen forma y voz humana sobre un escenario», p. 16.

II. El teatro social

Los cambios que se van produciendo en la conciencia de Miguel, sus nuevas ideas sociales, la evolución de su pensamiento, se advierten con toda evidencia en el paso del auto sacramental a su teatro social. Pero, incluso dentro de éste, desde *Los hijos de la piedra* a *El labrador de más aire* notamos asimismo una nueva actitud. La concepción de la tierra como madre del trabajador, y al mismo tiempo como propiedad suya, es el elemento básico de una nueva percepción de la realidad. La progresiva conciencia social que Miguel Hernández va adquiriendo gracias a sus nuevas amistades de la capital [1] agudiza el sentimiento de identificación y posesión esencial del campo y de la tierra que ya tenía el «poeta-pastor», sus nítidas ideas sobre la justicia y su crisis de fe.

---

[1] De interés en este sentido es el apéndice I: «Miguel Hernández y su amistad con Pablo Neruda», en JUAN CANO BALLESTA: *La poesía de Miguel Hernández,* cit., pp. 267 ss. Vid. también JUAN GUERRERO ZAMORA: Op. cit., pp. 91 ss.

Una nueva visión, más comprometida, del teatro le lleva, ya lo indicamos, a dejar de lado *El torero más valiente. Los hijos de la piedra* muestra la preocupación de Miguel por plasmar en escena problemas que el hombre tiene en la sociedad y en el tiempo que a él le han tocado vivir. Como Emilio Prados y Raúl González Tuñón con sus poemas, responde él a los sucesos de Asturias con un drama social muy influido por los dramas de honor del siglo XVII, «una de las primeras y más violentas acusaciones contra el gobierno del bienio negro, humana y lúcida reacción ante la represión de Asturias», según Pérez Montaner [2].

Nos referiremos después a las relaciones concretas que *Los hijos de la piedra* y *El labrador de más aire* tienen con algunas obras de Lope de Vega, pero antes queremos insistir en su conexión, en un plano general, con la tradición de los dramas del honor ofendido del siglo XVII, del drama rural y de los dramas sociales. El nacimiento del drama social y el del drama rural coinciden cronológicamente (finales del siglo XIX) y, aunque sus intenciones son distintas, a veces se entremezclan los temas. Así ocurre, por ejemplo, en *El señor feudal,* de Joaquín Dicenta, y algo semejante sucede en *Los hijos de la piedra* y *El labrador de más aire* [3].

Pero, además, los dramas rurales y sociales tienen una directa relación con los dramas campesinos de honor del Siglo de Oro, en los cuales, por invención de Lope de Vega, se presenta al villano como un ser capaz del sentimiento de la honra, en oposición a la tradicional concepción del medievo [4]. En obras como *Peribáñez y el Comendador de Ocaña, Fuenteovejuna* y *El mejor alcalde, el rey,* de Lope; *El alcalde de Zalamea* de Lope y en el de Calderón; *Del rey abajo*

---

[2] Art. cit., p. 282. FLORENCE DELAY, sin embargo, opina que «en este enfrentamiento Hernández se aproxima más a Lope que a la realidad de las luchas obreras del 34 en Asturias, dirigidas por los mineros de la región, que tenían una alta conciencia política, y cuya insurrección armada, política más que económica, verdadera revolución, fue severamente sofocada». Art. cit., p. 122.

[3] Vid. el estudio de MARIANO DE PACO: «El drama rural en España», *Anales de la Universidad de Murcia,* F. y L., XXX, 1-2, Curso, 1971-1972, pp. 141-170.

[4] Vid. RAMÓN MENÉNDEZ PIDAL: «Del honor en el teatro español», en *De Cervantes y Lope de Vega,* Espasa-Calpe, Col. Austral, Madrid, 1964.

ninguno, de Rojas Zorrilla, o *La luna de la sierra,* de Vélez de Guevara, hay una dignificación del pueblo al hacerlo capaz de sentir preocupaciones reservadas antes a estamentos sociales superiores. Al mismo tiempo, estas piezas tienen una localización rural y en ellas se plantea la clásica oposición aldea-ciudad o campo-corte, con una evidente preferencia del primer término.

Desde estas obras del siglo XVII el pueblo no ha vuelto a estar presente en el teatro de un modo digno y serio. Es precisamente con los dramas rurales y sociales, a diferencia de lo que ocurre en los sainetes y en las zarzuelas, cuando el personaje popular adquiere categoría dignificante y aparece con decoro en escena. Torrente Ballester señala al respecto que «el teatro *social* en sentido moderno; el teatro en que, como concepto o como sentimiento, se dramatiza la *lucha de clases* de forma más o menos enmascarada, aparece a fines del siglo XIX. Joaquín Dicenta es uno de sus importantes paladines. La novedad del teatro social de Dicenta no consiste en sacar a escena al pueblo, sino en sacarlo investido de *derechos* que suponen el movimiento proletario del siglo»[5].

Comenta García Pavón que «el teatro de "la cuestión social" rehabilita la importancia dramática del pueblo en la escena, le confiere los primeros papeles como antaño y fija la atención en los problemas privados del humilde, que ya no son de honra ni solamente políticos, sino nutridos de una nueva preocupación hasta ahora ignorada: la justicia social. Sin que esto quiera decir, como veremos con frecuencia, que el tema de la lucha de clases no esté imbricado en estos dramas sociales con problemas de honor, secuela de los viejos dramas barrocos»[6]. Puede que esta unión temático-ambiental de ruralismo y honor deje en segundo término los problemas sociales. Por eso, José Carlos Mainer precisa que «para Dicenta, como para Lope, el conflicto de honra que enfrenta a Juan José con el capataz Paco por la posesión de la Rosa es una metáfora que pretende iluminar la dignidad individual de un obrero del andamio, mucho más deudor del

[5] *Teatro español contemporáneo,* Guadarrama, Madrid, 1968, p. 94.
[6] *Teatro social en España (1895-1962),* Taurus, Madrid, 1962, p. 31.

maniqueísmo folletinesco que de una protesta social organizada». Y añade: «Realmente, *Juan José* puede pasar por un drama de costumbres urbanas y donde la tragedia amorosa diluye la bronca carga social» [7].

En Miguel Hernández, sin embargo, hay una perfecta adecuación y dosificación de los motivos rurales, sociales y de honor, hasta el punto de que es este equilibrio uno de sus mayores aciertos. La mezcla de temas se advertía, con diferente tono, en no pocas obras de finales del XIX y primer tercio del siglo XX. Recordemos, por ejemplo, *Tierra baja,* de Guimerá, estrenada en Madrid en 1896, que enlaza con los dramas de honor del Siglo de Oro; en éstos la oposición ofensor-ofendido correspondía a la de noble-villano; en Guimerá la diferencia está en ser amo o criado. Mucho más próxima a las de Miguel es *La tierra,* de López Pinillos, estrenada en 1921, en la que los campesinos defienden su derecho a poseer la tierra que trabajan.

La conexión de las obras de Miguel Hernández que ahora comentamos con otras de Lope de Vega ha sido señalada generalmente por la crítica [8]. La celebración del tricentenario de la muerte de Lope pudo favorecer la especial atención que a él dedicó Miguel en la concepción de estas obras y en la evolución de su lenguaje poético. Las semejanzas Hernández-Lope no son, sin embargo, tan directas como las que en el auto tenía con Calderón.

Pérez Montaner, al tiempo que señala la relación de *Los hijos de la piedra* y *El labrador de más aire* con *Fuenteovejuna* y *Peribáñez,* comenta la distancia ideológica de estos dramas entre sí [9]. Hulse, que se ha ocupado con detalle de las coincidencias y discrepancias entre las citadas obras de Lope y *El labrador de más aire,* concluye en su estudio que «el respaldo a lo popular es el factor común entre las dos

---

[7] «Joaquín Dicenta (1863-1917)», en *Literatura y pequeña burguesía en España (Notas 1890-1950),* Edicusa, Madrid, 1972, pp. 46-47.

[8] Entre otros, JUAN GUERRERO ZAMORA: Op. cit., p. 91. CONCHA ZARDOYA: art. cit., *Revista Hispánica Moderna,* pp. 283 y 289. JUAN CANO BALLESTA: *La poesía de Miguel Hernández,* cit., pp. 141 ss. MARÍA DE GRACIA IFACH: *Miguel Hernández, rayo que no cesa,* p. 141. RENATA INNOCENTI: art. cit., pp. 191 ss.

[9] Art. cit., pp. 282-284.

obras de Lope y la de Miguel Hernández, pero en la de éste, dicho respaldo se basa en conceptos diferentes a los lopescos. Los elementos populares se acentúan; el derecho lo tiene el pueblo sin que se lo confiera el rey. Falta ese equilibrio entre el pueblo, la nobleza y el rey que se restablece al final del drama, característica reconocida del Siglo de Oro. [...] La diferencia esencial es que *El labrador de más aire* no acaba con el restablecimiento del orden y la reivindicación de las acciones del pueblo que aporta al rey, sino que acaba con el lamento trágico de Encarnación, que más se parece al soliloquio de Melibea en *La Celestina,* ante un universo desordenado e indiferente. Frente a valores cambiantes, en el siglo xx al igual que en el umbral del xvi, sólo al hombre le corresponde buscar el remedio» [10].

Seguimos creyendo, como ya indicó Mariano de Paco en 1973 [11], que las intenciones de las obras de Lope y de Miguel Hernández son muy distintas, como lo son sus presupuestos ideológicos y el modo particular de desarrollarse la acción dramática, aunque hay una cierta semejanza de ambiente y coinciden algunos aspectos concretos. Son evidentes las relaciones con *Peribáñez*: la villana cortejada por el señor; el labrador que hace violencia a éste; el habitante de la aldea orgulloso de su situación; o el episodio de toro suelto, en ambas muy importante. En Lope da ocasión a que el Comendador conozca a Casilda y se prende de ella (a. I, e. VI); en *El labrador,* Juan se enamora en ese momento de Isabel (A. I, c. II, e. VI), como él mismo reconoce después. Pero las diferencias son igualmente notorias: el aborrecimiento inicial hacia don Augusto (frente a la actitud de Casilda ante el Comendador); la consideración del amor como un tema central; el trágico final con la muerte del ofendido y un distinto concepto del honor caracterizan netamente la obra de Hernández.

La más llamativa semejanza de *El labrador de más aire* con *Fuenteovejuna* es la de las escenas VII y VIII del cuadro III del acto segundo de aquélla con las escenas XI, XII y XIII, últimas del acto primero de *Fuenteovejuna.* En ellas el señor encuentra a la cam-

---

[10] Art. cit., pp. 314-315.
[11] «Sentido social del teatro de Miguel Hernández», cit., p. 17.

pesina e intenta seducirla y en ambas un villano (Juan-Frondoso) le ataca, salvando la situación y atrayendo sobre sí sus iras, aunque en *Fuenteovejuna* el asedio, con más graves consecuencias, continúa después. La arenga de Laurencia (A. III, e. III) pudo servir de modelo a Miguel, ya desde el auto, como indicamos [12].

Los hijos de la piedra es un drama social, aunque modifique de cierta manera el esquema tradicional. Se sitúa dentro de un mundo en el que con frecuencia se localizan los problemas de los trabajadores y su enfrentamiento con los amos: el de la minería. Podemos recordar, en cuanto a la ambientación, el «ensayo dramático en un acto» de Clarín, *Teresa,* estrenado en 1895, que unía los problemas sociales de los mineros con las clásicas cuestiones de honra (que quedan sólo en palabras porque Teresa rechaza a Fernando, el señorito, para quedarse con Roque). También *Daniel,* de Joaquín Dicenta, se desarrolla en un ambiente minero y se centra en una huelga de los trabajadores para protestar contra una arbitraria reducción de los salarios. La obra concluye con la venganza individual de Daniel [13]. Hay también notables puntos de contacto con una obra de Alfonso Sastre escrita en 1954, *Tierra roja,* cuyo lugar de acción, según dice su autor, se parece a las minas de Riotinto [14]. Al final del cuadro tercero los guardias disparan sobre los mineros sublevados y el pensamiento inseguro del sargento de la policía hace pensar en los guardias civiles de la obra hernandiana.

Al comienzo de *Los hijos de la piedra,* los mineros descansan de su trabajo y, en forma coral y con un poético lenguaje impropio de su condición, describen su estado de paz y tranquilidad, en contraste con la

---

[12]   AGUSTÍN SÁNCHEZ VIDAL: Op. cit., p. 15, afirma: «Este esquema de *Fuenteovejuna* será el utilizado por Miguel Hernández para estructurar *Los hijos de la piedra* y *El labrador de más aire;* sólo que, entre ambas obras, la generación de la República había reelaborado la obra de Lope en su vertiente de revolución popular, eliminando la figura de los reyes que refrendaban la muerte del Comendador y sustituyéndola por un telón que caía ostentando la hoz y el martillo (en los montajes de García Lorca y Rivas Cheriff). *Los hijos de la piedra* (1935) se atiene al primer *Fuenteovejuna; El labrador de más aire* (1937), al segundo.»

[13]   Cf. FRANCISCO GARCÍA PAVÓN: Op. cit., pp. 60 ss.

[14]   ALFONSO SASTRE: *Obras completas, Teatro I,* Aguilar, Madrid, 1968, p. 347.

guerra que el cartero dice que padecen en otros lugares. Las palabras del Minero 3.º:

> Que hay guerra entre los que hablan como el cura en misa y los que no se entiende lo que hablan. Dice que son muy negros. También dice que en no sé qué parte del mundo declararon la huelga del hambre más de mil hombres de nuestro oficio y se han muerto dentro de las minas casi todos. Les han gritado que salgan a los que quedan vivos y han contestado que les echen setecientas cajas para enterrar allí mismo los cadáveres. Y dice que en la Andalucía andan a tiros con la guardia civil hombres de nuestra clase que piden revolución.
>
> (A. I, f. a., e. I)

son muy significativas porque, a un tiempo, ponen de manifiesto la ingenua simpleza de sus planteamientos, la realidad de problemas sociales y de represión fuera y dentro de España y actúan dramáticamente como irónico augurio de lo que en Montecabra [15] sucederá después. Irónicas son también las últimas palabras de la primera escena, al establecer el contrapunto entre la idílica situación de la que gozan, lo que les lleva a no comprender el mundo sino «como una balsa de aceite», y la palabra *revolución,* que no saben bien lo que es, pero les parece que con ella se pide «algo muy malo».

Es muy importante señalar el carácter coral de las intervenciones, de las opiniones y de las actitudes de los mineros (y, más tarde, de sus mujeres, de los guardias civiles y de los vendimiadores). Hemos visto en el auto que los Sentidos, las Estaciones y los mismos Pecados Capitales (éstos en su actuación) estaban también concebidos de modo coral. Pero lo que allí era lógico y oportuno, por el valor simbólico del que gozaban, en *Los hijos de la piedra* favorece el carácter arquetípico de los personajes y la simplicidad en las oposiciones dramáticas. Mientras que en *El labrador de más aire* no acude Miguel a estos coros indiferenciados (Mozos y Mozas tienen elementos individualizadores desde el mismo «índice de personas»), en las piezas breves del *Teatro en la guerra* (Deslenguadas, Sentados) y en *Pastor de la muerte* se insiste, como veremos, en la disposición coral.

---

[15] JOSÉ MARÍA BALCELLS: Op cit., p. 129, advierte el parecido del nombre con *Fuenteovejuna.*

161

El Pastor y el Leñador tienen opiniones semejantes y están satisfechos de su vida y de su trabajo. Este no se interpreta como una maldición (recordemos la dualidad de perspectivas al respecto en el auto) sino como un medio necesario para lograr el sustento y para el sostenimiento de la sociedad: «El trabajo espanta los malos pensamientos, mantiene la paz en Montecabra, evita los crímenes y los robos, y no deja crecer en la huerta la ortiga, en la casa el polvo y en el barbecho el cardo» (A. I., f. a., e. II). El significado de las palabras de los Mineros cobra mayor vigor si las consideramos desde *después,* desde la pérdida de ese trabajo. La concepción idealizada del mundo [16] se hace presente a través de un lenguaje también idealizado. Pero Miguel Hernández coloca en ocasiones muestras de un lenguaje coloquial que contrasta con aquél, como sucede en la conversación entre las Mujeres mientras esperan a sus maridos.

Al final de la fase inicial del primer acto se encuentran los grupos de los Mineros y de sus Mujeres. Insistimos en subrayar la descripción coral porque se repite incluso en la disposición de los diálogos. En la escena V, por ejemplo, hablan así:

> Minero 1.º / Mujer 1.ª
> Mineros 2.º / 3.º / 4.º / 5.º
> Mineros 1.º / 2.º / 3.º / 4.º / 5.º
> Mujeres 1.ª / 2.ª / 3.ª / 4.ª / 5.ª
> Mujer 1.ª / Minero 1.º / Mujer 2.ª
> Mineros 1.º / 2.º / 3.º / 4.º / 5.º
> Mujeres 3.ª / 4.ª / Minero 1.º

No hay relación diversificada, sino una actuación por bloques, a menudo de todos los personajes de un mismo grupo (Mineros/Mujeres).

En el diálogo de los Mineros con sus Mujeres se alaba al señor de Montecabra, cuya vida y costumbres son ejemplares: «Sale de mañana en su caballo al campo, vuelve al mediodía, come, habla con los lisiados en las minas, sube de cuando en cuando aquí, nos da el jornal, algo más si lo necesitamos, y no se mete en más» (A. I, f. a., e. V). Un Minero desea «que viva don Pedro muchos años más de los que cuenta, por-

---

[16] Hay una visión ideal de la vida del campo en los artículos «MOMENTO-*campesino*», «VIA-*de campesinos*» y «MARZO-*hortado*», mientras que en «VERANO E INVIERNO» se advierte un pensamiento opuesto. *O. C.,* pp. 938 ss.

que es el mejor hombre del mundo», y estas palabras enlazan con las campanas que tocan a muerto y el anuncio de que ha terminado la vida de don Pedro. Hay entonces un mal presagio que todos sienten:

MUJER 4.ª
¿No es para espantarse?

MINERO 5.º
¡Vamos de prisa, vamos!

MINERO 3.º
¡Qué desastre tan grande!

MUJER 1.ª
Me entra una angustia al corazón que no me deja hablar.

MUJER 5.ª
No sé qué me da en el mío, pero presumo que la desgracia va a reinar desde hoy en Montecabra.

MINERO 1.º
¡Vamos pronto, vamos!
(*Se van todos precipitadamente.*)

(A. I, f. a., e. VI)

Antes de que concluya esta fase, que sirve de planteamiento, en una breve y bella escena, entran en contacto el Pastor y Retama, los héroes individuales de la obra cuyo amor constituye la subacción principal del drama. Antes había dicho el Pastor, como un nuevo Manelic, al Leñador: «Pero yo he de estar a la mira de las cabras de noche y de día, y no puedo bajar al pueblo a la hora en que ellas se reúnen después de peinarse», y éste le habló de Retama y de su belleza. Ahora se ven y el Pastor la invita a ir con él con estas palabras: «Tu cara es de miel cuajada. ¿Te lavas con zumo de uvas? Vente a mi chozo, iré apartando las piedras del camino. Vente a cuidar una cabra y un corazón llagados por el lobo.» Las acotaciones tienen a veces en *Los hijos de la piedra* un valor simbólico. En la que cierra esta escena, la unión de la cabra y el chivo hace pensar, con su poesía y su sincero primitivismo, en la de Retama y el Pastor:

> Se van yendo. El plenilunio sube al monte sembrándolo de cuarzos y carne de palmera. Encima de una peña, proyectados contra la luna, surgen una cabra y un chivo requiriéndola a grandes bali-

163

dos y querellas, hasta caer enlazado sobre ella impetuosamente. Se oyen las esquilas lluviosas.

(A. I, f. a., e. VII)

Montecabra tiene un nuevo amo. Las primeras palabras que se oyen en la fase posterior caracterizan las diferencias entre éste y don Pedro:

MINERO 1.°
Este no se parece en nada a Don Pedro, que en paz descanse. Va tanto de señor a señor como de mí al mar.

MINERO 2.°
Dos meses justos hace que ha venido y cada día nos trata peormente.

MINERO 3.°
¡Cuánto echo de menos a don Pedro, aquel hombre tan verdadero! Se ha muerto para dar paso a un corazón de pedernales.

(A. I, f. p., e. I)

De nuevo la disposición coral y la rígida oposición entre la absoluta bondad de Don Pedro y la maldad del nuevo Señor (la carencia de nombre propio es de por sí muy significativa). Su crueldad es grande, como se ve en el despido del segador para que sirva de escarmiento a todos. Una vez que su personalidad en el plano social se ha definido, advertimos cómo se comporta respecto a la compañera del Pastor. Antes había presumido de que «ninguna mujer del pueblo de Montecabra merece una distracción mía» (en una actitud semejante a la del Capitán don Alvaro de Ataide en la jornada primera de *El alcalde de Zalamea,* de Calderón), pero al ver a Retama su desprecio se cambia en agrado y quiere, porque es dueño del monte, serlo también de ella. Pero la respuesta de Retama hace gala de su más preciada posesión: la dignidad de la propia persona expresada como radical autoafirmación ante cualquier presión exterior: «¿Y porque eres el dueño del monte vas a serlo de mi corazón? Vaya, adiós.»

El Señor, con la complicidad del Capataz, que actúa de encubridor, intenta abusar de Retama, pero llega el Pastor, que lo evita y lanza sus malos augurios

(«Mal fin de año presumo...»; «esa conducta a la que te aficionas, sólo puede traer nubes de tormenta sobre Montecabra»). Ante las amenazas del Señor, el Pastor responde como un hombre del pueblo en su lenguaje (maldiciones) y en la defensa de su honor («El hombre más pacífico del mundo si no me atropellan»). El enfrentamiento concluye así, pero, como en *Fuenteovejuna,* el Señor tendrá después ocasión de actuar de nuevo.

El acto primero se desarrollaba en verano y el segundo corresponde al otoño. Cuatro Guardias Civiles custodian la entrada de las minas y cuentan que los Mineros se han encerrado y se han declarado en huelga de hambre porque les han bajado sus jornales. Las fuerzas del orden (que, como los esquiroles, son personajes tradicionales del teatro social) aparecen al servicio del poder, obran contra toda razón y apoyan al Señor para sojuzgar y dominar al pueblo. El Guardia Civil 4.º rompe el grupo coral, encarna una actitud racional y actúa como conciencia social:

> Me indigna oíros hablar así, compañeros. No insultéis a unos hombres que se están muriendo valerosamente cuatro días rodeados de piedras y sombras, acometidos por el hambre, por el sueño y por la memoria de sus mujeres y sus hijos. El dueño de estas minas que los atropella, ese sí que es un bestia. Y nosotros también, porque ejecutamos las órdenes suyas de no permitir el paso hasta ellos a las mujeres que vienen desesperadas a traerles pan [...] ¿No se os hacen nudos las tripas oyendo la voz de esos hombres que viven como los cadáveres y se retuercen sobre sus estómagos vacíos? Atended sus gritos de angustia.
>
> (A. II, f. a., e. I)

Un coro de voces que se oye desde fuera se queja de sus desgracias mientras las Mujeres, también en grupo, se dirigen al Señor, «que las oye parecido a un bloque de piedra», en un tono que evoluciona desde las súplicas y las promesas de agradecimiento a las maldiciones. El Señor exclama con una ingenua impiedad: «¿Cómo han llegado a creer que podrían más que yo? Más que yo no puede ni... ni el de allá arriba», y manda arrojar bombas a las minas. Su respuesta consigue que los Mineros se hagan conscientes del significado de la palabra *revolución*.

Días después, en contraste con una exaltación de la naturaleza que hace pensar en el pacífico vivir del comienzo del drama («El otoño, traído por el pico de las grullas, ya pone amorosos de humedad los campos y las bodegas y acallando las chicharras, endulza y enluta la tierra con el poco arrope que queda en la higuera»), el Pastor cuenta que alguien está robando su ganado, al igual que a Juan en *El labrador de más aire* le quitan el trigo. El Pastor, sin saberlo, mata de una pedrada al Capataz, que era el ladrón, en una escena que acentúa su dramatismo por estar unida a la de la idealizada hermandad del Pastor y el Leñador, y a la del Pastor y Retama pensando en sus cuidados hacia el hijo que va a nacer. Una acotación enmarca con su cruda y detallista descripción de la naturaleza el momento de la muerte. Es precisamente ésta la que hace patente la relación entre el ambiente y los personajes y la ruptura de la imagen pacífica del monte:

> *Los relámpagos se hacen perdurables, los truenos destrozan sus mundos, los rayos avanzan crispados y repentinos, las nubes se desangran haciendo una música bárbara en el monte, que amenaza cataclismos. Se arrojan horrorizadas las culebras por las bocas de las cuevas, huyendo de la electricidad que se apodera de su piel, imperiosamente. Ruedan en el agua sapos que se estrellan destilando sangre. La langosta, el alacrán, el cuervo y el lagarto, van por la lluvia graznando, silbando y crujiendo. Los barrancos se vuelcan con un clamor de espuma, tiemblan los cimientos del monte, se quiebran violentamente las estalactitas, se desploman grandes bloques de pórfido y mármol. Las águilas se aprietan agrupadas, los gavilanes abandonan su robo, los ecos repiten con su fidelidad de espejo todos los accidentes sonoros de la tempestad, acrecentándola, en medio de un viento colérico, que se queja en el esparto y el romero, aúlla en el pino, arde en la higuera, se rasga en el cardo y la zarza, solloza en la retama y pierde la dirección y el ímpetu en los tajos y quebradas.*
>
> (A. II, f. i., e. III)

El Pastor se constituye en héroe individual que actúa. Pero también los Mineros pasan a la acción y, espoleados por el hambre, roban la uva a los vendimiadores (esquiroles venidos de otro pueblo).

Al comenzar el acto tercero, ya es «ivierno», un diálogo entre el Leñador y el Segador da cuenta de la situación desesperada del pueblo:

> Montecabra no es el mismo pueblo de antes, amigo. ¡Aquellos tiempos de Don Pedro!... ¡Si tú supieras! Cerró el señor las minas hace más de dos meses. El mi-

nero que no ha malvendido sus cosas para emigrar, allí
está muriéndose, en espera de que en la ciudad se re-
suelva el asunto, que mandaron al ministro. Pero esta
gente sólo se interesa por el poderoso, por lo visto, y
los pobres nos tenemos que resignar o reventar de cólera. Este es el cuadro de Montecabra: las mujeres se
pasan el día gimiendo y mordiéndose el pelo y los hombres yendo de la plaza a la taberna, desesperados y
aburridos. No sé hasta cuándo habrá paciencia para
aguantar a ese hombre, alacrán del pueblo, que aún tiene valor para seguir viviendo entre nosotros.

(A. III, f. a., e. I)

Es un estado semejante al que Miguel describe en
el poema «El hambre» de *El hombre acecha*:

> Tened presente el hambre: recordad su pasado
> turbio de capataces que pagaban en plomo.
> Aquel jornal al precio de la sangre quebrado,
> con yugos en el alma, con golpes en el lomo.
>
> El hambre paseaba sus vacas exprimidas,
> sus mujeres resecas, sus devoradas ubres,
> sus ávidas quijadas, sus miserables vidas
> frente a los comedores y los cuerpos salubres.
>
> Los años de abundancia, la saciedad, la hartura
> eran sólo de aquellos que se llamaban amos.
> Para que venga el pan justo a la dentadura
> del hambre de los pobres aquí estoy, aquí estamos.

Porque la situación en la que se encuentran los obliga
a salir de su cobardía y a rebelarse:

> Por hambre vuelve el hombre sobre los laberintos
> donde la vida habita siniestramente sola.
> Reaparece la fiera, recobra sus instintos,
> sus patas erizadas, sus rencores, su cola.

(*O. C.*, pp. 325 y 327)

El Pastor fue encarcelado, acusado de dar muerte
al Capataz, pero ha escapado de la cárcel y se encuentra con Retama. En una escena en la que se demuestran un ejemplar amor, ella le cuenta la ofensa del
Señor, que la violentó y le hizo perder el hijo. El Pastor no puede soportar esta injuria ni sus consecuencias
y reacciona con rabia ante el que cree responsable del
desorden del universo (¡qué lejos ya de las ideas del
auto sacramental!): «¡Quiero, necesito saber dónde
está Dios para escupirle!» Muere Retama y el Pastor
dice una condensada elegía que completa su sentido
con una patética acotación:

¡Retama! ¡Retamaaaaaaaa! Ya ha cortado la muerte las alas de tu lengua. ¡Que traigan cera para mis oídos, que traigan lana suficiente para ahogar mi pena! ¡Traedla, traedla, traedla! ¡Que me coja la tierra de este modo: abrazado contigo!

(La sacude, la besa, la revuelve; se sienta en tierra y la pone sobre sus rodillas, sepulta su boca a bocados en los cabellos de la muerta, la abraza con todo el cuerpo frenético... Comienza un descendimiento lento de lanares vidrios cuajados. Las cabras se detienen con el rabo entre las patas, y el sonido de las esquilas se hace más dolorido y convulso.)

(A. III, f. a., e. II)

Montecabra parece un cementerio y sus casas, nichos cavados en el monte; «da la impresión de un panal petrificado». Inválidos, mujeres y niños abandonan el pueblo, víctimas del hambre, y lamentan su desgracia. Lentamente se produce una toma de conciencia y el Señor recalca su despótico poder («yo hago lo que quiero»). Pero, en una escena clave, el Pastor, que aparece con Retama en brazos (y muestra así que, en el fondo, es su muerte la que le lleva a la acción), insulta a los mineros, que permanecen «como un rebaño cobarde atacado por el lobo» y los induce a la rebelión. Los Mineros (y el Guardia Civil 4.º) piden la muerte para el Señor en una trepidante escena que acaba con una enloquecida canción:

> ¡Muerte, muerte, muerte
> abierta en la frente
> de quien nos ha hecho
> desear la muerte!
> [...]

(A. III, f. i., e. VII)

El Pastor se comporta como un *héroe* que convence y enardece a la *masa* (sentido coral) para *responder* (no toman, pues, la *iniciativa*) a la iniquidad del Señor y al olvido de los que han de administrar justicia. En el modo de ser y de pensar de los personajes no hay dudas ni fisuras. Cada cual, bueno o malo, muestra su ejemplaridad para probar la conclusión a la que el autor quiere llegar. Esta rigidez esquemática de los personajes, su simplicidad psicológica, condiciona la linealidad estructural de la pieza.

Cuando todo parecía acabado y la acción dramática ha llegado a su lógico final, unas escenas (fase poste-

168

rior) prolongan la obra. La belleza de las del entierro de Retama, con una acotación que es por sí sola un poema de amor, y el didactismo de la final, en la que aparece un batallón de Guardias Civiles que gritan «¡Tiros a la barriga!» mientras el pueblo, unido, en un recuerdo de *Fuenteovejuna,* se defiende, no justifican su localización dramática. Simbólica y funcionalmente, sin embargo, éste final tiene gran valor.

El desenlace es abierto. El drama está inconcluso, se prolonga. Por eso es necesaria una drástica y radical solución, la guerra, que Miguel alentará con su vida y con su teatro político. La actitud del autor es ahora de justicia y moderación, dentro de un pensamiento tradicional. Hay que desterrar las tiranías, hay que podar los excesos. Por lo demás, una situación social de diferencia (primer señor) es aceptable y provechosa si garantiza el trabajo honrado, el sustento necesario y la dignidad personal.

El labrador de más aire es sin duda la obra teatral más conseguida de Miguel Hernández. Posee mayor complejidad dramática que *Los hijos de la piedra,* si bien, en definitiva, ofrece un núcleo temático muy semejante y, con un final diferente, consigue efectos casi idénticos a los ya señalados. El antagonismo social está orgánicamente trabado con una serie de motivos de considerable valor dramático: la búsqueda del amor (en una múltiple relación de diversos personajes), la oposición Juan-Alonso y el marco campesino concebido sin concesiones, aunque la situación en un ambiente rural es frecuente en los dramas sociales (por ejemplo, en *El señor feudal,* de Dicenta; en *Vidas rectas,* de Marcelino Domingo, o en *La tierra,* de López Pinillos).

En la aldea se vive en un ambiente de paz y bienestar que hace pensar en el inicio de *Los hijos de la piedra.* Juan se prepara para la fiesta y su prima le ayuda. En un diálogo entre ellos se alude a lo que será un tema central, el amor no correspondido de Encarnación por Juan:

> JUAN.
>
> > No me iré
> > si tú no vienes conmigo.
>
> ENCARNACIÓN.
>
> No estoy para fiestas hoy.

169

JUAN.

Dime qué te pasa.

ENCARNACIÓN.

Nada.

JUAN.

¿No estarás enamorada?

ENCARNACIÓN.

¿Te importa a ti si lo estoy?

JUAN.

¡Encarnación!

ENCARNACIÓN.

Déjame,
que lo que me pasa a mí
es un asunto que a ti
no te interesa.

(A. I, c. I, e. I)

El monólogo en el que Juan expone las cualidades
que ha de tener la mujer que él ame tiene un significado irónico a la luz de lo que después sucederá (enamoramiento de Isabel) y, al mismo tiempo, es un
preludio de la resolución del drama porque estas virtudes se suponen en Encarnación. Es asimismo significativa la referencia a la *tierra,* símbolo ambivalente
(amoroso-social) clave en la obra:

A mí me ha de enamorar,
de una manera acendrada,
mujer que no luzca nada
sino este particular:
como la tierra ha de ser
de sencilla y amorosa,
que así será más esposa
y así será más mujer.
Tendrá un corazón lozano
y tendrá un alma pareja,
y el alma bajo la ceja,
y el corazón en la mano.
Oliendo a sencilla toda,
irá, sabiendo a sencilla,
de su boca a mi mejilla
y de mi amor a su boda.

(A. I, c. I, e. I)

A la todavía oculta tendencia amorosa de Encarnación hacia Juan se unen dos elementos que la poten-
cian: la inclinación que por ella siente Tomaso y los

deseos de las mozas hacia su primo. Estas se muestran extasiadas por «su gallarda gallardía» y pasan de un diálogo amoroso de tono lírico con recuerdos de la poesía mística a una viva disputa en la que se mezclan y acumulan insultos y amenazas:

> LUISA.
>
> > ¡Calla, coja!
>
> BALTASARA.
> > ¡Cállate tú, pechiplana!
>
> LUISA.
> > ¡Ya me lo dirás mañana!
>
> RAFAELA.
> > ¡Cara de escobón!
>
> TERESA.
>
> > ¡Bisoja!
>
> RAFAELA.
> > ¡Pero menos que tu hermana!
>
> LUISA.
> > ¡Gorgojosa, cállate,
> > que ya se me va el aplomo!
>
> TERESA.
> > ¡Miren la del rostro romo!
>
> RAFAELA.
> > ¡Miren la del romo pie!
>
> BALTASARA.
> > ¡Que te araño!
>
> LUISA.
>
> > ¡Que te como!
>
> TERESA.
> > ¡Que te tiro del peinado!
>
> RAFAELA.
> > ¡Quien te va a tirar soy yo!
> >
> > (A. I, c. I, e. IV)

El idilio se rompe de repente con la llegada de Don Augusto (el Señor) y su hija Isabel. Desde su misma entrada en escena se muestra suspicaz y contrariado por todo, violento y presuntuoso, anunciando demasiado directamente el conflicto posterior:

171

DON AUGUSTO.
> ¿Qué hace el lugar, que no acude
> a conocerme al momento?

BLASA.
> Anda de divertimiento
> en la plaza.

DON AUGUSTO.
> ¿Cómo elude
> saludarme a mí sumiso?

ANTONINA.
> Celebra la aldea entera
> su fiesta de primavera.

DON AUGUSTO.
> ¿Hay fiesta sin mi permiso?

(A. I, c. I, e. VII)

Por eso, las palabras de Blasa, madre de Juan, señalando algunas peculiaridades de la vida campesina, tienen más que un valor anecdótico.

Desde el momento en que Don Augusto ve a Encarnación, se siente cautivado por ella. Y de una forma más sutil, pero no menos orgullosa, repite los argumentos del Señor con Retama en *Los hijos de la piedra*:

> Un portento
> de hermosura campesina.
> Yo soy Don Augusto Ayala,
> dueño y señor de tu aldea
> y de diez más.

(A. I, c. I, e. VIII)

En *El labrador de más aire* se desarrollan de forma paralela dos acciones amorosas que son hábil contrapunto de su sentido social. A los requerimientos de Don Augusto a Encarnación hay que sumar el amor de ésta por su primo y el enamoramiento de Juan hacia Isabel. En la escena en la que Juan la libra del toro (ya indicamos las relaciones con el encuentro de Casilda y el Comendador en *Peribáñez*), dejando a todas las demás Mozas, nace una fuerte atracción por la hija de Don Augusto. Se forma así un evidente eje de relaciones (→), todas sin correspondencia [17], y al-

---

[17] FLORENCE DELAY: art. cit., p. 126, habla de la influencia de *La destrucción o el amor* de Vicente Aleixandre en el

172

gunas, cuyos nombres transcribimos en minúsculas, con una funcionalidad dramática secundaria:

DON AUGUSTO   ISABEL
↓   ↑
Tomaso → ENCARNACIÓN → JUAN ← Mozas

Las escenas de la fiesta en la plaza, con bailes y cantos de una gran belleza lírica, demuestra cómo el sentido coral que mencionamos en *Los hijos de la piedra* ha ido desapareciendo en favor de una mayor caracterización psicológica de los personajes [18]. El popularismo de estos momentos tiene un acusado tono rural, muy primario en ocasiones:

> Los celosos chivos pierden
> entre sus dientes sus barbas:
> se rinden a cabezazos,
> se embisten y se maltratan,
> y en medio de los ganados
> mueven, lo mismo que espadas
> rabiosas y deseosas,
> lenguas amantes y patas.
> Van los asnos suspirando
> reciamente por las asnas.
>
> (A. I, c. II, e. I)

Dentro del remanso poético que supone este cuadro segundo del primer acto, roto por la escena final con el mencionado episodio del toro, Miguel Hernández prepara acontecimientos posteriores. Señala insistentemente el carácter envidioso y resentido de Alonso, que desemboca en la prueba de fuerza de las piedras, teatralmente insulsa, pero rica en simbología porque Alonso, ahora vencido, saldrá después ganador en su cobarde ataque a Juan. Los presagios se repiten. Juan dice: «¡Voy a enamorarme!», sin saber el profundo significado que esa frase encierra en realidad. Gabriel, al saber la llegada de Don Augusto, comenta: «Nos va a dar mucho quehacer», y explica sus palabras

tipo de lazo amoroso que une a Juan con Isabel y a Encarnación con Juan.
[18] LLOYD K. HULSE: art. cit., p. 314, piensa que las características del gracioso están repartidas entre varios personajes: Tomás-tonto, Quintín-pícaro, Carmelo-borracho, Gabriel-prudente. Su opinión nos parece más acertada que la de considerar a Tomaso un «recuerdo casi mimético del Mengo de Lope de Vega», como hace PÉREZ MONTANER: art. cit., p. 284.

con un ejemplo de su crueldad. Juan y Don Augusto se enfrentan por vez primera. Y aquél responde a la soberbia afirmación de quien se llama «dueño de la tierra» con unos versos que guardan resonancias del calderoniano Pedro Crespo:

> Es señor de lo que sea,
> pero no de mi persona.
>
> (A. I, c. II, e. IV)

La dureza del trabajo de la siega aumenta para los labradores porque el señor quiere acrecentar los pagos. Ante esa injusticia, las reacciones de algunos son de un conformismo fatalista («Deja tú como yo dejo / rodar el mundo a su sino»), pero Juan responde de modo violento porque no acepta la tiranía del poder. Su dignidad es para él una actitud ética. Juan (Miguel Hernández, que se identifica con él [19], como con el Pastor de *Los hijos de la piedra* y con Pedro en *Pastor de la muerte*) no puede admitir ahora lo que más tarde reprochará a los demás (acto III, cuadro II, escena IV): comportarse «como un paciente rebaño». Tampoco consiente la fatal sumisión al sino y propone, en esta escena fundamental, procurar que el Señor entre en razón por los medios que sea. La rebelión utilizará, si es necesario, las hoces para matar:

> Habemos de retraer
> al señor a la razón:
> esta es hoy nuestra cuestión
> y no hay más cosa que hacer.
> Si el ampara en su poder
> sus ambiciones feroces,
> y no escucha nuestras voces
> por conducirse a lo avaro,
> buscaremos nuestro amparo,
> si es preciso, en nuestras hoces.
> Siento hablar de esta manera,
> mas me dicta el corazón
> que, contra aquellos que son
> fieras, obre como fiera.
> Todo el brazo se me altera
> cuando pienso en un tirano,
> y en vano lo aquieto, en vano

---

[19] Pérez Montaner: art. cit., p. 283, afirma que «el elemento autobiográfico es ahora más importante que en ninguna otra de sus obras». Acerca del posible carácter autobiográfico de las relaciones Juan-Isabel y Encarnación, vid. Florence Delay: art. cit., p. 126.

> a su inquietud con paz vengo,
> que cuanto más lo contengo
> más se rebela en mi mano.
>
> (A. II, c. I, e. II)

Aunque la actitud es muy semejante a la de *Los hijos de la piedra,* aquí se ha producido *antes.* La simple amenaza del daño material y la soberbia en las ideas del Señor provocan la tajante decisión de Juan. El pensamiento de Miguel avanza, pues, con claridad.

Estas afirmaciones, hechas desde una perspectiva social, entran en conflicto con el sentimiento amoroso. Juan, a pesar de la disparidad de convicciones e ideales, ama a Isabel, que lo desprecia por no ser de su clase y, además, lo cree movido por el interés. El se encuentra escindido entre la inclinación hacia Isabel y el rechazo que siente por su padre, pero no puede librarse de su pasión, fuerza oscura e irracional que lo domina:

> Yo no te podré explicar
> por qué entré en este sendero
> que fatalmente he de andar,
> y sólo sé que la quiero.
>
> (A. II, c. II, e. II)

Sólo un nuevo amor (no el razonamiento, sino un sentimiento primitivo y profundo), el de su prima, lo librará de aquél, cuando ya se había resuelto la dialéctica oposición Juan-Don Augusto y éste ha ordenado la muerte del labrador. Las dos acciones (social-amorosa) confluyen entonces en un mismo punto.

Mientras Encarnación se lamenta en un lírico monólogo, la encuentra a solas Don Augusto, en una escena clave en la estructura dramática de la obra, y le declara su amor. Ella lo rechaza y él relaciona su altivez con la de Juan:

> ¿Quién te hace tan altanera?
> Respondes de igual manera
> que tu primo ese jayán
> a quien estoy dando un pan
> que merecen los alanos
> y mordería las manos
> pródigas que se lo dan.
>
> (A. II, c. III, e. VII)

Cuando la quiere retener con violencia, llega Juan y le da una bofetada. Don Augusto, humillado, lo despide y se desarrolla el conocido diálogo en el que Juan se muestra esencialmente disconforme con la interpretación que Don Augusto pretende dar a la dicotomía Señor-campesino:

DON AUGUSTO.
> ¿Es mi tierra y no te irás?
> Ésa es mucha gallardía.

JUAN.
> No me iré porque es más mía.

DON AUGUSTO.
> ¿Más tuya mi tierra?

JUAN.
> Más.

(A. II, c. III, e. VIII)

A estas afirmaciones sigue el himno de la tierra, indudable posesión del que la trabaja:

> En mi tierra moriré,
> entre la raíz y el grano,
> que es tan mía por la mano
> como mía por el pie.
> Es mía la tierra llana,
> que sobre el surco he nacido
> y con mi esfuerzo la cuido,
> con mi amor y con mi gana.
> Desde que era una avellana
> mi corazón en mi pecho,
> de reducido y de estrecho,
> detrás de yunta y arado,
> la estoy haciendo sembrado
> y volviéndola barbecho.
> Me pertenece, aunque diga
> que es suya, y no la conoce
> ni siquiera por el roce
> de un terrón o de una espiga.

(A. II, c. III, e. VIII)

Es este, ya se sabe, un motivo constante en la obra de Miguel [20]. La concepción de la tierra como

---

[20] Sobre el tema de la necesidad de amar a la tierra y la salvación de España, puede verse el artículo «El deber del campesino», publicado en el número 3 de *Al ataque,* 23 de enero de 1937. Aparecen incluso entre los nombres los de Juan y Alfonso. El artículo se reproduce en *Miguel Hernández. Poesía y prosa de guerra y otros textos encontrados,* edic. de Juan Cano Ballesta y Robert Marrast, Ayuso, Madrid, 1977, pp. 102-104.

madre y propiedad del trabajador, como su profundo sustento, es más el elemento básico de una percepción de la realidad, que una doctrina aprendida. Recordemos, por ejemplo, unos versos de «El niño yuntero»:

> Empieza a vivir, y empieza
> a morir de punta a punta
> levantando la corteza
> de su madre con la yunta.
>
> Empieza a sentir, y siente
> la vida como una guerra,
> y a dar fatigosamente
> en los huesos de la tierra.
>
> (*O. C.*, p. 273)

y la rotunda definición en «Madre España»:

> Decir madre es decir *tierra que me ha parido*.
>
> (*O. C.*, p. 341)

En el cuadro segundo del tercer acto, que se desarrolla en la taberna, la rebeldía de Juan toma definitivo cuerpo después de unas escenas en las que la acción se centra en torno al vino (alabanza e historia del mismo, tema del borracho, etc.). Juan se manifiesta excesivamente distante en una actitud que no guarda relación con los ofrecimientos que le hacen; no hay adecuación entre lo que dice de su albedrío y aquello a lo que se refiere. Y se merece las displicentes contestaciones de Lorenzo y de Lázaro:

> LORENZO.
>> No creo que sea un abuso
>> ofrecerte, Juan, un trago.
>
> JUAN.
>> Ofrecerlo no lo es,
>> que no es obligarme, no;
>> pero si aceptara yo
>> atendiendo otro interés
>> que no es ciertamente el mío,
>> un abuso ya sería,
>> porque entonces torcería
>> el querer de mi albedrío.
>> Y no lo puedo torcer
>> a un ofrecimiento tuyo,
>> porque siempre ha sido el suyo
>> un poderoso querer.
>
> LÁZARO.
>> Tú te lo pierdes.
>>
>> (A. III, c. II, e. IV)

Pronto sus ideas encuentran mejor causa y Juan les anima a romper el yugo que los somete, a librarse del hambre y a rechazar a los que se comportan como verdugos, pidiendo de los otros lo que ya él decidió (A. II, c. I., e. II) en defensa de la dignidad personal, como hizo el Pastor en *Los hijos de la piedra:*

> Me entristece cuanto pasa:
> hace días merodea,
> amenazando la aldea,
> el hambre casa por casa,
> y la gente labradora
> su protesta no levanta
> como una sola garganta
> viva y amenazadora.
>
> [...]
>
> Me da rabia, me enfurece
> veros esperar el daño
> como un paciente rebaño
> que sólo el daño merece.
> Es otro vuestro destino
> en la tierra, hombres pacientes.
> Sacudid de vuestras frentes
> esa pereza de vino.
> Labradores castellanos,
> enarbolad la cabeza
> desterrando la pereza
> del corazón y las manos.
> En pie ante todo verdugo
> y en pie ante toda cadena;
> no somos carne de arena;
> no somos carne de yugo.
>
> (A. III, c. II, e. IV)

Pero, mientras el Pastor consiguió enardecer los ánimos de los mineros y provocar la muerte del Señor, Juan es víctima indirecta de unos hombres inalterables a causa del vino y la mansedumbre. La cobardía, la excesiva moderación o una irracional esperanza («Nos vendrán tiempos mejores») chocan con el valor individual de Juan, que se levanta como una especie de víctima expiatoria sobre la masa. A pesar, pues, de que *El labrador de más aire* tiene mayor complejidad dramática y más hondura psicológica que *Los hijos de la piedra,* todavía la oposición Señor-campesinos adolece de cierto esquematismo.

En el resentimiento de Alonso encuentra Don Augusto el modo de vengarse de Juan, como en la obra anterior el Señor se valía del Capataz. Ambos se po-

nen de acuerdo para dar muerte a Juan y el autor
se muestra especialmente hábil a la hora de manifestar los sentimientos de estas dos personas que rivali-
zan por demostrar un mayor odio hacia Juan:

> Don Augusto.
>> Me vendrá estrecha la vida,
>> en el espacio más ancho,
>> hasta no ver que se marcha
>> la suya por su costado.
>
> Alonso.
>> Mientras no llene su boca
>> de huesos y de gusanos,
>> mientras no ahogue su aliento
>> y no enmudezca su paso,
>> desabrido iré de alma
>> y de corazón nublado.
>
> (A. III, c. III, e. I)

El trato que hacen y la recompensa de Alonso recuerdan la venta de Jesucristo por Judas, y, después,
Señor y villano se juntan en un abrazo que simboliza
un detenimiento todavía mayor en el mal moral
que en el mismo mal social. Personas de clases an-
tagónicas se unen para buscar la muerte de un común enemigo. La inocencia de éste favorece su consideración como héroe doliente y recarga el negativo
comportamiento de aquéllos.

Alonso clava su hoz a Juan y huye mientras éste
se desangra y muere en los brazos de Encarnación.
Poco antes se han declarado su amor y ella, que había presentido el desenlace fatal (A. III, c. II, e. II),
se ve trágicamente abocada a la muerte de su amante
y a su «anhelo [de] estar muerta», respondiendo con
una de las más bellas y dramáticas elegías de toda la
historia de nuestra literatura:

> Espera un poco, Juan mío,
> respira un poco, despierta
> un poco… ¡Muerto está, frío
> está y anhelo estar muerta!
> ¿Qué monte de pesadumbre
> y de desventura soy
> que me arrebata la lumbre
> cuando a calentarme voy?
>
> […]
>
> (A. III, c. III, e. III)

La venganza ha frustrado las posibilidades de liberación. Aunque parezca justo la opuesta, estamos, con matices diferentes, ante la misma encrucijada del desenlace de la obra anterior. Allí murió el Señor. Aquí, el Labrador. Allí y aquí la injusticia continúa y es preciso acabar con ella del modo que sea posible. Con la muerte de Juan, el imperativo de la lucha, el restablecimiento de la justicia pisoteada y de la dignidad vencida se hace aún más necesario. Otra vez el enlace directo y la justificación del teatro de guerra, que enardece y anima en el combate.

III. Teatro de guerra

Cuando *El labrador de más aire* se publica, el pensamiento de Miguel Hernández había evolucionado de forma decidida hacia un mayor compromiso con la sociedad, hacia un teatro y una poesía más en relación con los sucesos que entonces ocurrían en España. La «Nota previa» a su *Teatro en la guerra,* que después analizaremos, lo pone de manifiesto. A una sociedad en crisis se ha de responder con un arte y un teatro que se haga cargo de esa situación [1]. Rafael Alberti, decidido impulsor de un «teatro de urgencia», decía en 1937, animando a los autores para que escribiesen este tipo de obras: «Urge el "teatro de urgencia". Hacen falta estas obritas rápidas, intensas —dramáti-

---

[1] Víctor Fuentes, en *La marcha del pueblo en las letras españolas. 1917-1936,* Edic. de La Torre, Madrid, 1980, pp. 160-162, afirma que Miguel Hernández, «al contacto con los poetas revolucionarios y la realidad social, se irá haciendo un poeta orgánicamente socialista», y señala su identificación con lo popular, pero no se refiere a su teatro, a pesar de que dedica un capítulo a este género.

cas, satíricas, didácticas...—, que se adapten técnicamente a la composición específica de los grupos teatrales. Una pieza de este tipo no puede plantear dificultades de montaje ni exigir gran número de actores. Su duración no debe sobrepasar la media hora. En veinte minutos escasos, si el tema está bien planteado y resuelto, se puede producir en los espectáculos el efecto de un fulminante»[2].

Esta necesidad de compromiso era sentida generalmente y la literatura y el teatro se convierten entonces en un deber del escritor. Pero los escritores son conscientes de que se mueven en un terreno peligroso que han de delimitar con cuidado. Por eso, en el II Congreso Internacional de Escritores para la defensa de la Cultura (1937) en una ponencia colectiva que, entre otros, suscribe Miguel Hernández, puede leerse: «En tanto que la propaganda vale para propagar algo que nos importa, nos importa la propaganda. En tanto que es camino para llegar al fin que ambicionamos, nos importa el camino. Sin olvidar en ningún momento que el fin no es ni puede ser el camino que conduce a él. Lo demás, todo cuanto sea defender la propaganda como un valor absoluto de la creación, nos parece tan demagógico y tan falto de sentido como pudiera ser, por ejemplo, defender el arte por el arte o la valentía por la valentía. Y nosotros queremos un arte por y para el hombre y una valentía miedosa, que es sólo valentía en tanto que tiene un motivo para serlo, en tanto que tiene un comienzo esforzado, para llegar a un fin victorioso»[3].

José Monleón ha resumido acertadamente[4] los rasgos principales de este «teatro de urgencia» que tantos escritores cultivaron durante la guerra[5]:

---

[2] En ROBERT MARRAST: *El teatre durant la guerra civil espanyola,* cit., p. 277.

[3] Cit. por ROBERT MARRAST: *El teatre durant la guerra civil espanyola,* cit., p. 222.

[4] En «*El Mono Azul*». *Teatro de urgencia y Romancero de la guerra civil,* Ayuso, Madrid, 1979, p. 102. Sobre el arte de urgencia, vid. pp. 95 ss.

[5] Pueden verse al respecto el completo estudio de ROBERT MARRAST cit. en las notas anteriores; el libro de MONLEÓN cit. n. 4; la mencionada *Historia del Teatro Español. Siglo XX,* de F. RUIZ RAMÓN, pp. 293-296; y la «Presentación» de MIGUEL BILBATÚA a *Teatro de agitación política 1933-1939,* Edicusa, Madrid, 1976.

«*a*)   Teatro exigido por la Guerra Civil.

b)   Arma ideológica para la formación del combatiente y de la retaguardia.

c)   Respuesta contra la tradición conservadora de la mayor parte de nuestros dramaturgos.

d)   Intento de aproximar la conciencia política del obrero y su comportamiento cultural. Lucha contra los «subgéneros» y los populismos destinados al consumo y a la enajenación populares.

e)   Convocatoria abierta. Arte colectivo, derivado de una experiencia histórica colectiva, aunque lo expresen sensibilidades individualizadas.

f)   Formas sencillas, adaptables a la economía de medios, dictadas por la eficacia y la utilidad».

Todo el teatro de Miguel Hernández, excepto el auto, es un teatro político, si entendemos el término en un sentido amplio, como propone Massimo Castri en *Por un teatro político*: «Aquel teatro que quiere participar con sus propios medios específicos en el esfuerzo general y en el proceso de transformación de la realidad social, y, por tanto, en definitiva, del hombre, en la perspectiva de una reconstrucción de la integridad y totalidad del hombre, que en la sociedad dividida en clases y basada en la explotación ha sido destruida»[6]. El teatro social de Hernández (*Los hijos de la piedra* y *El labrador de más aire*) podría considerarse un teatro político de forma indirecta, que, de acuerdo con Leonard C. Pronko[7], sería aquel que «intentaría despertar en nosotros la conciencia de nuestra propia libertad y de nuestra responsabilidad, no sólo frente a nosotros mismos, sino frente a la humanidad entera, incluidos burgueses y proletarios». Y su teatro de guerra oscila entre esa concepción y la directa, que «intenta empujarnos a una acción política particular, o al menos de hacernos conocer su utilidad».

Sin embargo, ante la ambivalencia del término *político*, pensamos que, en las obras que ahora nos ocupan, es mejor hablar de un *teatro de guerra*, porque Miguel Hernández no olvida en él las ideas de sus

[6]   Akal Editor, Madrid, 1978, p. 8.

[7]   «El teatro político», en T. W. ADORNO y otros: *El teatro y su crisis actual*, Monte Avila Ed., Caracas, 1969, pp. 95-96.

anteriores dramas, sigue dirigiéndose al hombre en sociedad y no al hombre de un partido [8]. En definitiva, en su teatro de guerra trata de despertar las conciencias para defender a la patria, a España, de traidores y extranjeros, y de merecer la tierra, como dice la Voz del Poeta al finalizar *Los sentados*:

Tu pan del aire pendía.
¡Que tu alborada destruya
el ocaso! ¡Es tuyo el día:
España, la tierra es tuya!

(*Los sentados*, c. u.)

Miguel Hernández nos dejó un texto de teoría dramática, la «Nota previa» a su *Teatro en la guerra* (1937), que nos parece de suma importancia. A pesar de su brevedad y de las circunstancias en las que fue escrito, ofrece sus opiniones sobre los dramas compuestos antes, habla del teatro que entonces publica como modo de manifestar su lucha y, finalmente, alude a un teatro futuro, «que será la vida misma de España» y que, por su muerte, no pudo llegar a realizar.

Comienza la Nota señalando que hasta el momento de iniciarse la guerra, el 18 de julio de 1936, no había sido él «un poeta revolucionario en toda la extensión de la palabra y su alma». Y añade: «Había escrito versos y dramas de exaltación del trabajo y de condenación del burgués, pero el empujón definitivo que me arrastró a esgrimir mi poesía en forma de arma combativa me lo dieron los traidores, con su traición, aquel iluminado 18 de julio. Intuí, sentí venir contra mi vida, como un gran aire, la gran tragedia, la tremenda experiencia poética que se avecinaba en España, y me metí, pueblo adentro, más hondo de lo que estoy metido desde que me parieran, dispuesto

---

[8] Podemos aplicar a su teatro lo que Arturo Pérez («La intrahistoria de la guerra civil española en la poesía de Miguel Hernández», *Revista de Estudios Hispánicos*, XI, 2, 1977, p. 220) afirma acerca de su lírica: «Dos factores fundamentales dan a la poesía hernandiana un carácter único y un valor de autenticidad innegable: la honestidad del hombre poeta, que le inhabilita para la mentira, y el hecho de haber éste escrito su obra en continuo contacto y al calor de los acontecimientos históricos.»

a defenderlo firmemente de los provocadores de la invasión»[9].

Un modo preciso de luchar es el cultivo de un «teatro hiriente y breve: un teatro de guerra». Porque, a su juicio, «el teatro es un arma magnífica de guerra»; todo arte lo ha de ser.

Con las dos armas de las que Miguel dispone, poesía y teatro, se propone «aclarar la cabeza y el corazón» del pueblo y «hacer de la vida materia heroica frente a la muerte». Porque «es la de hoy la hora más apropiada para mí: y no quiero dejarme dormir ni distraer, porque quiero ver cuajados los sentimientos y los pensamientos de mi gente en una vida de dignidad, de grandeza, y para eso pongo mis cinco sentidos en este trabajo de engrandecimiento, como puedo y como sé, junto a los mejores hombres de España».

Poesía y teatro son reflejo de la interioridad del poeta: «En mi poesía, en mi teatro, expongo las luchas de mis pasiones, que reflejan las de los demás y siempre procuro que venza el entendimiento puro de las mismas.»

El teatro ha de unirse a la revolución y ambos deben tener un valor de ejemplaridad para que el mundo sea ejemplar. Hay, pues, una apreciación del arte dramático como elemento revolucionario para la transformación del mundo (no olvidemos que ese sentido *ejemplar* se advierte en todas sus obras, y de modo especial, en el teatro de guerra).

Esto exige un decidido ataque al teatro burgués: «Hay que sepultar las ruinas del obsceno y mentiroso teatro de la burguesía, de todas las burguesías y comodidades del alma, que todavía andan moviendo polvo y ruido en nuestro pueblo. ¡Fuera de aquí, de los ojos y las orejas de aquí, aquellos espectáculos que no sirven para otra cosa que para mover la lujuria, dormir el entendimiento y tapiar el corazón reluciente de los españoles.» Porque «la gran tragedia que se desarrolla en España necesita poetas que la contengan, la expresen, la orienten y la lleven a un término de victoria y de verdad».

---

[9] Citamos la «Nota previa» también por la edición de *O. C.,* cit., pp. 807-808. Su *Teatro en la guerra* fue utilizado en el proceso que contra Miguel se siguió y en el que fue condenado a muerte. Vid. JUAN GUERRERO ZAMORA: Op. cit., pp. 120-122 y 159.

El futuro, al terminar la lucha, traerá un nuevo teatro: «Cuando descansemos de la guerra, y la paz aparte los cañones de las plazas y los corrales de las aldeas españolas, me veréis por ellos celebrar representaciones de un teatro que será la vida misma de España, sacada limpiamente de sus trincheras, sus calles, sus campos y sus paredes.»

Hemos reproducido lo esencial de este manifiesto, de acuerdo con las distintas partes y elementos que creemos hay en él. Hernández lo centra en su condición de autor revolucionario, pero es la suya una revolución que pretende devolver a la vida de los menos favorecidos («mi gente») la dignidad. Ese es el modo de que España salga de su tragedia y consiga la victoria y la verdad. Los valores éticos (dignidad, victoria del entendimiento sobre las pasiones, verdad) y sociales se entremezclan y, desde ellos, juzga su teatro y piensa en otro nuevo. La necesidad de esta poesía y teatro revolucionarios le viene a Miguel porque, con sus ojos de poeta, ve «la gran tragedia» desde la perspectiva de «la tremenda experiencia poética».

Las cuatro obritas de *Teatro en la guerra* (*La cola, El hombrecito, El refugiado* y *Los sentados*) manifiestan a la perfección lo que es el teatro de urgencia. Son unos cuadros breves y directos, de evidente esquematismo y linealidad, con intención didáctica y de propaganda. Pero, más que un ataque frontal al otro bando, pretenden que el espectador reflexione sobre unos problemas reales que en el escenario se señalan y cuya solución tiene siempre un sentido de ejemplaridad. Hay interesantes aspectos de crítica interna al mismo tiempo que se exalta a la lucha frente al enemigo. Muestra este teatro pocos valores dramáticos, pero sus obras deben ser juzgadas en un contexto en el que lo que a su autor interesa es provocar en el público una toma de conciencia de las situaciones, hacer llamadas a la solidaridad y al valor, exaltar la entrega y la generosidad, y rechazar la cobardía.

En *La cola* unas Deslenguadas (reaparece el sentido coral que comentamos en *Los hijos de la piedra*) luchan entre ellas por ocupar los primeros puestos ante una carbonería. Por su presentación arquetípica, el modo de salir a escena los personajes y un lenguaje coloquial en el que se mezclan refranes, chistes, insultos e hipérboles, estamos ante una escena costumbrista que, en otras circunstancias, podría estar destinada a provocar la hilaridad del público:

(*Entran precipitadamente las* Deslenguadas 1.ª *y* 2.ª *y se tiran del mantón y se debaten por ocupar el primer lugar ante una carbonería.*)

Deslenguada 1.ª

Aunque me tiraras de las tripas más que del mantón, no entrarías en la carbonería antes que mi alma.

Deslenguada 2.ª

¡He llegado antes que tú! Te gané la vez.

Deslenguada 1.ª

Mañana puede ser que sí: hoy ya es tarde. ¡Aparta, lagarta!

(*Se desprende de un empujón de las uñas de la otra. Entra la* Deslenguada 3.ª *y se apresura a ocupar el segundo lugar.*)

Deslenguada 3.ª

Te gané la vez.

Deslenguada 1.ª

Le está muy bien empleado, por ansiosa.

Deslenguada 2.ª

Aquí no hay más ansiosa que tú: ¿entiendes? (*A la* 3.ª) ¡Aparta de ahí, que es mío ese puesto!

Deslenguada 3.ª

¿Con qué dinero lo compraste? No me hagas reír que tengo el labio dividido.

Deslenguada 2.ª

Pues como no te apartes te voy a dividir la cabeza.

Deslenguada 3.ª

¡Calma, calma! Nos las dividiremos, y va a ser esta casa la sociedad de divisiones mutuas.

Deslenguada 1.ª

¡Ja, ja, ja, qué bien empleado le está!

(*Entra la* Deslenguada 4.ª *y se apresura a introducirse entre la segunda y la tercera.*)

Deslenguada 4.ª

¡Te gané la vez! ¡De aquí no me quita ni Dios!

Deslenguada 2.ª

Pero ¿qué desvergüenza es ésta? Aparta.

DESLENGUADA 4.ª

Ni aunque venga una granada en la creencia de que soy la Telefónica.

[...]

DESLENGUADA 2.ª

Nos veremos las caras.

DESLENGUADA 4.ª

¿No nos las vemos ya, guasona? Tienes los ojos tan nublados de legañas que hablas como una ciega.

DESLENGUADA 1.ª

¡Ja, ja, ja! ¡Cómo me río yo de tontas de este tamaño!

DESLENGUADA 2.ª

¡Basta de risas, que se te ven los alrededores del fondo del ombligo, por esa boca de pozo que tienes!

DESLENGUADA 3.ª

Presume tú de boca, hija: que la tuya es tan bonita como un tomate pisado.

DESLENGUADA 2.ª

¡No me insultes!

DESLENGUADA 4.ª

¡Qué cara de guardia pones!

DESLENGUADA 2.ª

No me ofendas, barbuda.

DESLENGUADA 1.ª

¡Ja, ja, ja, qué risa me das!

DESLENGUADA 2.ª

¡No te burles, arrabalera!

(*La cola*, c. u.)

Pero, con la llegada de la Madre, que detiene la pelea (recordemos la de las Mozas en *El labrador de más aire*, A. I, c. I., e. IV) cuando ya «se enseñan unas a otras los dientes y las uñas con fiereza», esta escena de sainete adquiere un nuevo valor. Porque esa violenta disputa para conseguir un poco de carbón tiene lugar mientras la sangre se derrama en las trincheras. A pesar de las palabras de la Madre, que compara esa riña callejera con la trágica lucha que hay a su alrededor, las Deslenguadas reaccionan de modo unánime y, haciendo honor a su caracterización, vuelven al lenguaje vulgar y a los insultos, en una causa común contra la Madre.

Introduce el autor entonces un nuevo elemento. Cuando la Madre les dice que desahoguen esa rabia en los frentes y les recuerda que sus hijos o sus maridos pueden morir en la guerra, ellas responden que los tienen en sitio seguro, «donde no llegan balas», en la retaguardia, enchufados. Miguel, a través de la Madre, ataca de modo directo, expresando su opinión y provocando el desenlace dramático: «Por lo que oigo, entiendo que sois tan amigas de cobardes como ellos hombres, si lo son, de mujeres de poco más o menos.» Las reacciones son más débiles, pero el mensaje de la Madre («La dignidad y no la vejez es lo que me hace despreciaros...») se ve bruscamente interrumpido por el subepisodio de la Alarmante. Esta entra gritando: «¿No escucháis? ¡A los sótanos, a los sótanos! ¡Ha venido la aviación! ¡Yo me muero del susto! ¡Que me matan! ¡Han arrojado ya más de cien bombas! ¡Que me bombardean! ¡Doscientos muertos, mil heridos, medio Madrid en ruinas!», y provoca la huida de las Deslenguadas. Al poco vuelven, reconociendo que todo era falso y que «sería bueno cortarles la lengua» a las que así actúan (precisamente lo dicen las *Deslenguadas,* con lo que sus palabras se vuelven contra ellas mismas). La Madre lanza su último mensaje: hay que dignificar Madrid, presentándolo como la Capital del mundo honrado. Eso significará la victoria porque «seguirán su ejemplo los demás pueblos de España».

A pesar de su brevedad, hay una especie de distribución en las tres partes clásicas del drama. El inicio costumbrista de las Deslenguadas en la cola sirve de planteamiento. No hay todavía mensaje ninguno, es un efecto escénico (la cola) que llama la atención del público y lo divierte. Pero esa diversión se vuelve sobre sí misma al conocer el contexto. Se superponen después tres temas sobre los que hay que reflexionar (*nudo*): la tragedia que está ocurriendo, el de los cobardes y enchufados, y, finalmente, el de los alarmistas. A raíz de este último descubren las Deslenguadas su mala actuación y el extenso parlamento de la Madre, con una intención exclusivamente didáctica, insiste en el valor ejemplar que tiene lo que hagan en Madrid.

Más lineal y didáctica, menos elaborada, es *El hombrecito,* cuyo tema es una llamada general a la acción. Hay un largo planteamiento dialéctico entre el Hijo que quiere ir al frente, harto de estar junto a las faldas de su Madre, y ésta, que no se resiste a quedarse sin él. El niño está decidido a no comportarse como una mujer, haciendo trabajos femeninos, y la Madre le propone otros que supone más adecuados, pero no consiente en que se vaya. Sin embargo, tan inaceptables nos parecen los argumentos del Hijo («Me da vergüenza enfrentarme con mis amigos, que todos trabajan como pueden en el Ejército Popular») como los de la Madre («Eres nuestra única alegría en nuestra vida. No quiero perderte»). En su deseo de irse para salvar a España llega a acusar con dureza a sus padres de ser unos «facciosos» porque no le permiten que se marche.

Esa discusión se resuelve cuando, definidas la decisión de hijo y la cobardía de la Madre, él se va, tras el juego de los saludos y su interpretación que, ante un público adecuado, debía tener una enorme fuerza:

EL HIJO.
> Nos harán pedazos si entran en Madrid. Mataré los que pueda en cuanto tenga un fusil y si no tengo fusil, con una honda, y si no tengo honda, con los dientes, y si no tengo dientes, los escupiré mientras tenga saliva.

LA MADRE.
> ¿No es mejor que me enseñes a hacer el saludo fascista y si vienen lo haremos los dos a ver si así no nos pasa nada? Anda, enséñame.

EL HIJO.
> (*Levanta el puño rabiosamente.*)
> ¡Así es, Madre!

LA MADRE.
> Me engañas, hijo. Ese es el saludo comunista.

EL HIJO.
> Hasta que no me quede aliento dentro de la vida, éste será mi saludo.

> (*El hombrecito,* c. u.)

La conclusión tiene un carácter de enseñanza expresada a través de una doble perspectiva. La Voz del Poeta pide:

> Parid, tejed, compañeras,
> gigantes para la hazaña,
> para sus hombros bandera
> y victorias para España.

Y la Madre, al oírla, repentinamente convencida, advierte la poca importancia de los años, porque los quince, con generosidad, son muchos más. Sus últimas palabras señalan la ejemplaridad de la acción de su hijo: «Mirad, madres, mirad: ¡Mi hijo avanza como una semilla a convertirse en el pan de todos los hijos que empiezan a brotar de los vientres maternos!» [10].

El refugiado es un largo diálogo entre un Combatiente y un Refugiado que ha perdido su camino. Nada más empezar a hablar se establece la contraposición entre la dureza de la defensa de Madrid y la tranquilidad y casi despreocupación con las que se lucha en Andalucía [11]. El Combatiente se muestra indignado porque hay quienes «entienden juerga por guerra» y hablan de Romera y otras poblaciones que se han perdido por falta de valor. Hacen una crítica de los que presumían de valientes y fueron los primeros en salir corriendo, de los que no supieron enfrentarse a los fascistas, de los que orientaron mal al pueblo y de los que en los comités se llevan un dinero que pertenece a todos. Esta crítica de las cosas que marchan mal dentro (y que una vez más demuestran la honradez y el sentido de la justicia de Miguel) deberán ser juzgadas por el pueblo («Sí: es hora de que los pueblos sean los únicos jueces, por ser los únicos jueces honrados»). Y el Refugiado afirma: «¡A cuánto cobarde habrá que fusilar en su día!»

El viejo Refugiado es una contrafigura del Hijo de *El hombrecito*. A pesar de su edad, había seguido en su puesto y siente vergüenza de que ocupen sus posesiones, con una especie de honor español que casi re-

---

[10] Recordemos, al respecto, el final del artículo «El pueblo en armas», *Poesía y prosa de guerra,* cit., pp. 113-114.

[11] En su artículo «Defensa de Madrid. Madrid y las ciudades de retaguardia», publicado en 1937, se refiere Miguel a este mismo problema. Vid. *Poesía y prosa de guerra,* cit., pp. 97-98.

cuerda al del Conde de Benavente en el conocido romance del Duque de Rivas. Aun con su drama familiar y sus dudas, es un ejemplo para todos: «A los refugiados nos miran algunos con ojos caritativos, y a mí no me gusta ver la cara de la caridad. Otros nos aceptan de mal humor, como quien no tiene el deber de atender al compañero desamparado, sin casa y sin tierra. No me amarga ni me rebaja ningún trabajo: todos los conozco. Lo mismo me da cavar olivos que recoger la peor basura. Todos los oficios son buenos cuando se trabaja en ellos honradamente. He pedido trabajo y no me lo han dado, o me lo han dado apesadumbradamente. ¿Cuándo desaparecerá esa frontera que separa en el mundo a los pueblos, en los pueblos a los barrios y en los barrios a los vecinos?»

La conclusión de estas consideraciones, expuestas verbalmente, sin un punto de acción dramática, es que hay que salvar a España. El melodramatismo del problema particular adquiere un valor de generalización (hija-España) y el Refugiado, en una actitud preparada para servir de modelo, se marcha a luchar, derramando las aceitunas, en una bella y simbólica imagen plástica, después de oír las gallardas y esperanzadas palabras del Combatiente:

EL COMBATIENTE.
La salvaremos. ¿Estás dispuesto a venir conmigo?

EL REFUGIADO.
Voy donde tú digas. Me siento rejuvenecido como un roble viejo junto a uno temprano. ¿Me admites en la lucha a pesar de mi edad?

EL COMBATIENTE.
Sí. Vamos a sacar a tu hija del manicomio y la pondremos en un lugar claro y libre. Sanará en poco tiempo. Haz cuenta de que tu hija es España: vamos a luchar por tu hija, por España. Vamos a sacarla del maniconio, oscuro y pobre, en que las han tenido metidas los opresores del pueblo.

EL REFUGIADO.
Antes llevaré la aceituna al molino.

EL COMBATIENTE.
Echala en tierra: antes de que se haya secado o podrido, España habrá comenzado a ser, independiente y libre, el huerto del mundo.

192

EL REFUGIADO.

¡Así sea, compañero!

(*Derrama el saquillo de aceitunas alegremente. Se van.*)

Los mismos temas que hemos visto en las tres obras anteriores e idéntica debilidad en la estructura dramática hay en *Los sentados*. Unos hombres hablan y discuten de una manera más frívola aún que las Deslenguadas en *La cola,* porque aquí sus disputas no tienen más finalidad que llevar razón en cosas desprovistas de toda importancia. El tema de la guerra aparece cuando el Sentado 2.º presume de lo que sabe: «Ahora, por ejemplo, sé que los fascistas preparan su ataque más duro a Madrid, que el alcalde de nuestro pueblo tiene continuas peleas con los concejales pertenecientes al sindicato... Anoche llegaron a las manos. Sé que hay quien se emborracha y maltrata a los que reciben sus órdenes, como lo haría un general de los de enfrente. Y sé que anteayer bombardearon Madrid una vez más y resultaron muertos doce niños.»

Ante esas críticas, quizá no exentas de razón, un soldado, «que ha seguido la conversación en silencio, pero lleno de gestos», le pregunta que qué hace él para evitarlo y lamenta el «aire de paz envenenada» que hay allí mientras la lucha continúa: «Cuando la España mejor se enciende, levantada contra los verdugos invasores, veo pueblos mezquinamente sentados al sol, como lagartos mezquinos.» El Soldado cumple en *Los sentados* idéntico papel al de la Madre en *La cola* y los Sentados se manifiestan coralmente como allí las Deslenguadas. El núcleo de la obra es una comparación de los leves padecimientos de estas gentes de retaguardia con los verdaderos sufrimientos que produce la guerra y el ataque del Soldado reprochándoles su cobardía, con palabras que nos recuerdan las del Pastor en *Los hijos de la piedra* y las de Juan en *El labrador de más aire*: «Mientras los que tenemos el alma en pie defendemos el pan y la España que codician italianos y alemanes, vosotros seguís haciendo vuestra cómoda vida de gallinas en el nido. Sólo tenéis posaderas, y vuestra mayor alegría la despiertan los asientos. Habéis nacido con el corazón gastado, rendido. Vuestro oficio es hacer hoyos en la piedra de los bancos con las nalgas.»

El desenlace se apunta cuando el Soldado se marcha y uno de los Sentados se separa con su opinión del grupo porque cree que aquél tiene razón. Invita a sus compañeros a la reflexión y a la responsabilidad y hace una llamada a la solidaridad. Ante sus argumentos (que repiten o complementan los del Soldado) se marcha con él hacia la lucha el Sentado 3.º Entretanto, el Sentado 1.º, en el único instante en el que se da un atisbo de acción dramática, duda sobre qué hacer. Parece que al unir el tema de la tierra al de la guerra, y por un cierto egoísmo personal, se va a decidir: «¿Qué haré yo? ¿Seguir al sol como una lagartija fría? Pero en el frente puedo morir... Y si viene el fascismo, aunque me dejara vivo, ¿no llevaría una vida más triste que la muerte? ¿No volvería a ser el perro del amo, que daba puntapiés y palos si no le lamían las plantas? No puedo desear a mis hijos la vida que a mí me han dado los que todo me lo quitaban. Dueño hoy de la tierra que trabajaba inútilmente, en vez de defenderla, dejo crecer en ella la grama y caer en el barro la sangre de mis compañeros. Me voy...» Pero aún duda y se vuelve, y sólo lo lleva a salir la Voz del Poeta:

> Levántate, jornalero,
> que es tu día, que es tu hora.
> Lleva un ademán guerrero
> al ademán de la aurora.
>
> (*Los sentados*, c. u.)

Hemos dicho al hablar de su teatro social que en el teatro de guerra de Miguel Hernández se expresan ideas que aparecían en los dramas anteriores. La última finalidad de la contienda es restablecer un orden natural que había sido alterado. El teatro de Hernández ha de ser considerado en estrecha relación con su poesía y con su vida y se caracteriza por señalar la dualidad, el contraste, entre el mundo trabajador y el de los señores (teatro social), el de los que luchan por la justicia y los que él cree traidores (teatro de guerra). *Pastor de la muerte* es una muestra interesante del teatro de guerra, mucho más apreciable que las obras breves anteriores. Participa de algunos defectos que en ellas veíamos: didactismo evidente, simplicidad de planteamiento, abuso de los coros, caracterización arquetípica de los personajes, etc., pero la vivencia directa y el conocimiento práctico que de la realidad que describe tiene Miguel (no olvidemos el particular sentido autobiográfico de esta obra), dan un calor humano y un sentido de verdad que se levanta por encima de cualquier tópico.

Pastor de la muerte es un drama de construcción circular que comienza y concluye en la aldea del protagonista y cuyo nudo dramático se desarrolla en distintos lugares en los que Pedro lucha. En la escena primera se plantean muchos de los temas que se van a tratar. El Eterno, un personaje de gran riqueza simbólica [12], concreta el origen de la guerra e indica con exactitud la cronología:

> Los ricos contra los pobres
> traidoramente se lanzan
> tras de cuatro generales,
> traidores de pura raza,
> temerosos de perder
> las rentas y las espadas,
> unas ganadas a robos,
> otras a traición ganadas.
> Los pobres contra los ricos
> levantaron sus murallas
> el dieciocho de julio
> para que no las pasaran,
> y hoy, treinta de agosto, aún
> ni las rompen ni las pasan.
>
> (A. I, c. I, e. I)

E inmediatamente hace una profesión de fe que se basa en motivos estrictamente sociales y que hace ver el verdadero fondo que para Hernández tenía esta guerra:

> Creo en la fuerza del pobre,
> creo en la tierra que labra
> y en la victoria del trigo
> que ha de cubrirla mañana,
> cuando de la tierra sea
> dueño aquél que la trabaja.

Añade después que se aproximan los días en que los trabajadores serán libres. Uno de los viejos que están con él alude a la corrupción de los que mandan y a los que se aprovechan de los trabajadores. El Eterno

---

[12] FLORENCE DELAY: art. cit., p. 135, afirma que todo el teatro de Miguel Hernández posee una «voluntad deliberadamente alegórica».

concluye con unos versos que recuerdan el simbolismo de los autos sacramentales:

> Ya le llegará su hora
> a cada cual, según haga.

A continuación, lo aclara, con un neto sentido de la
justicia y de la igualdad para todos:

> Hoy es hora de acabar
> con los ricos de la rama
> de siempre ilustres y ricos:
> pero será tan sonada
> como la de hoy, la hora
> del inmediato mañana
> cuando se dé muerte al pobre
> tan deshonra de su casta,
> que fue rico en cuanto pudo
> a costa de sangre y lágrimas.

> (A. I, c. I, e. I)

Un mensaje de la República, que el pregonero lee, insiste en semejantes ideas: «Defendiendo la República,
el pueblo español se defiende a sí mismo: su pan, su
tierra, su libertad.» Pero ante él los Grupos (de Hermanas, de Novias, de Madres, de Viejas) se quejan de
la guerra y muestran una cobarde actitud general,
pretendiendo que sus deudos no se vayan a ella.
El Eterno se opone al lugar común de que «siempre
es sagrada a paz» y los grupos forjan entonces una
poética imagen de la vida del campo y no quieren que
se hable de las armas a los hombres.

De ese negativo ambiente se levanta Pedro y, contra el parecer de su madre, de su hermana y de su novia, decide marcharse. Sus motivos son sociales y piensa que los enemigos son los que hasta ahora habían
sido los amos y volverán a serlo si se les deja. La idea
que le lleva a la lucha está llena de nobleza:

> Tengo la necesidad
> de no ver sucia la vida:
> de ver la sangre podrida
> enterrada de verdad.

> (A. I, c. II, e. II)

En un cuadro muy emotivo, explica a su novia que
se va por ella y por sus hijos (un tema semejante hay
en la «Canción del Esposo Soldado», de *Viento del
Pueblo*). Después llama a los jornaleros para que le

acompañen y éstos entran «en una llamarada de juventud». Mientras los Grupos de Madres y Hermanas piden a sus Hijos y Hermanos que no se vayan, Ana confiesa al Eterno que va a ser madre. El tiempo que tarda la gestación del niño es el que Pedro va a estar fuera.

La visión primera que tenemos de la guerra es casi idílica, entre cantos y sonidos de guitarra, pero muy pronto es herido un dinamitero que muere en los brazos de Pedro. Su valor es ejemplo para todos y en un instante de dramática poesía rompen su guitarra para que desaparezca con él. Los motivos de la lucha quedan al descubierto en una conversación que hay de una trinchera a otra, entre los personajes que vemos y una anónima Voz. El Cubano se defiende de las acusaciones que les hacen de luchar contra la religión, y explica los motivos sociales por los que pelean:

> Defendemos los de aquí
> aquello que no defiendes:
> la tierra del que trabaja
> y el pan del que lo merece.
> Los de aquí somos los pobres
> y los ricos los de enfrente,
> y tú te vas con los ricos,
> que hacen de tu sangre leche
> para amamantarse ellos,
> esclavizarte y crecerse.
>
> (A. II, c. II, e. I)

La necesidad de valentía es un elemento constante. José, el capitán, está orgulloso porque en su compañía no hay ningún cobarde. Pedro destruye una ametralladora, haciendo gala de su valor, y por su bravo comportamiento lo hacen teniente. El clima de heroísmo es general y la presencia posterior de algunos Indeseables lo hacen destacar más aún.

En una plástica acotación se señale un cambio de escenario: «Sobre un telón, donde se habrá pintado Madrid diáfanamente, cruza la sombra de varios aeroplanos. En seguida se proyecta la sombra de varias bombas, y el telón se rasga entre un fragor y un estremecimiento de explosiones, apareciendo un barrio de Madrid, destruido, y en primer plano el esqueleto de una casa, muebles y muros por la tierra.» Una Madre enloquecida por la muerte de su hijo pone un toque melodramático en la acción, pero sus sentimientos personales ceden pronto ante la preocupación por la defensa de Madrid, a la que da un valor de símbolo para toda España.

Los Indeseables están por todas partes. En unos versos, con ironía no muy frecuente en Miguel, lo dice el Indeseable tercero:

> Mi republicana sangre,
> revolucionaria y fresca,
> no puede dar a Madrid
> tan pronto su última ofrenda.
> En aras del ideal,
> de la causa, de la idea,
> sacrificaré mi vida
> republicana de izquierdas,
> sin mácula y sin mancilla,
> como si mía no fuera.
> En holocausto sagrado,
> ante la masacre infecta
> del fascismo, entregaré
> mi sangre de gotas férvidas.
> Pero no es ésta mi hora.
> Aún al combate le resta
> un momento decisivo.
> Quien ese momento vea,
> me verá luchar, morir,
> cual heroína pantera,
> por la república sacra,
> por la libertad sin férula.
> Mientras, vamos a buscar
> un coche de prontas ruedas.

(A. II, c. III, e. II)

El acto tercero, sin embargo, comienza mostrando el envés del heroísmo y del valor. Cunde el desaliento y la cobardía se generaliza. Pedro, trasunto de Miguel y recuerdo del Pastor y de Juan, intenta enardecer los ánimos:

> Mientras nos quede un pedazo
> de tierra, un grano de España,
> podemos salvarla toda,
> toda podemos ganarla.
> Cobardes, no habléis así,
> que me revuelve la rabia
> de ver esa mezquindad
> que vuestra lengua delata.
> Mezquina vida es la vuestra,
> cosecha mezquina y mala,
> pues no se sabe sembrar
> de una manera gallarda.

(A. III, c. I, e. I)

El episodio de la desaparición del Comandante se sitúa en esta oposición cobardía-valor. Los Cobardes dicen que se pasó al enemigo, pero el Comandante muere de modo ejemplar asesinado por unos Traidores y un grupo de Moros que repiten en una especie de aullido: «¡Sangre, rojo! ¡Sangre, rojo! / ¡Tu sangre irrita mi ojo!» Pedro lo encuentra y un Evadido le dice lo que sucedió. Entre tanto continúa el clima de pesimismo y el Cubano, como antes Pedro, quiere convencerlos, con motivos muy hernandianos, de que deben conservar su dignidad:

> Alzad la cabeza al cielo:
> la cabeza que se dobla
> no recibirá en la frente
> los resplandores que asoman.
> Que la cabeza doblada
> sólo a los bueyes adorna.

y de que son superiores porque tienen la razón y el valor:

> El combate se aproxima
> con el día: la derrota
> ha de ser de los que enfrente
> de nosotros tienen forma,
> tienen armas, tienen moros:
> pero les falta y nos sobra
> razón para defender
> pedazos de tierra propia.
>
> (A. III, c. III, e. II)

Al llegar el cadáver del Comandante, todos los grupos van pasando «a un estado de exaltación heroica». Con una conducta ejemplar, Pedro hace retroceder cinco tanques y el enemigo huye dominado. Se produce en ese momento una auténtica apoteosis del valor y una general esperanza de victoria.

El cuadro primero del acto cuarto es esencial en el terreno de las ideas. Se desarrolla en el patio de un cuartel y el Cubano hace recuento de los diez meses de guerra. Pedro ha sido bautizado con el nombre de «Pastor de la muerte». Un soldado se pregunta por qué dicen ellos que sólo los del otro bando son bestias feroces y el Cubano justifica en su caso la ferocidad y ataca a los que se llaman paladines de la paz y se despreocupan de lo que sucede en España:

> Pero sabemos también,
> que aquella que es su sostén
> no es nuestra ferocidad.
> Con las bestias es preciso
> ser más feroces que ellas,
> o los cascos de sus huellas
> darán sobre el indeciso.
>
> [...]
>
> Yo me río ante mí mismo,
> de una manera mordaz,
> cuando se habla de la paz
> y del humanitarismo.
> Ginebra es una lección
> de humanitarismo casto,
> y el porvenir nuestro es pasto
> de una buena digestión
> y una mala diplomacia.
> España se halla invadida,
> y a Ginebra se le olvida
> en el vientre la desgracia.
> ¿Dónde están los paladines
> de la paz? En sus sillones,
> perfumando las naciones
> con cañones y jazmines.
> Mucho ruido para nada:
> una reunión, un banquete,
> y España, de ellos juguete,
> cada vez más desangrada.
>
> (A. IV, c. I, e. II)

Los dos últimos cuadros tienen de nuevo lugar en la aldea. Antes, Pedro ha recibido una carta de Ana que le recuerda el mundo del campo («Tu madre ha puesto el ganado de luto hasta que vengas, quitándoles las esquilas que tanto animan la rumia y el pastoreo») y le anuncia el próximo nacimiento de su hijo. Los coros (Viejos, Madres, Novias, Hermanas) continúan con su actitud cobarde y sus maldiciones a la guerra; tan sólo el Eterno tiene una optimista esperanza. La Madre de Pedro le está escribiendo y se insiste en el tema rural y de la naturaleza («Tu azadón ha perdido aquel relumbre que daba trabajando en tus manos y, metido en el último rincón de mi casa, crece en orín y sombra. El majuelo te espera para que lo caves, las viñas no han florecido de descuidadas que las tenemos sin tu brazo»).

Hay una escena muy bella en la que de lejos se ve llegar a Pedro y todos creen que el que viene es un familiar propio. Pedro, patéticamente, reparte recuerdos de los que estaban con él y han muerto; después conoce a su hijo, en quien se ve repetido, pero pronto deja a los suyos porque la defensa de España lo reclama. El Eterno, una vez más, expresa con sus palabras la fe en la victoria:

> Mirad esa fuerza brava
> que avanza por los olivos.
> ¡Por sus muertos y sus vivos,
> España no será esclava!
>
> (A. IV, c. II, e. IV)

La Voz del Poeta pone fin, en esperanzados y aleccionadores versos, a la obra. Es el «Canto de independencia». Las acotaciones finales hacen ver asimismo un hermoso futuro:

> El mapa de España, proyectado en rojo y negro. El color rojo avanzará agresivamente sobre el negro hasta desterrarlo, en el curso de la escena. El mapa se apoya sobre cimientos de olivos, encinas y piedra. Es una escena de luz y sombra, roja y negra. Grupos de soldados proyectados en rojo atacan a grupos de soldados proyectados fantasmalmente en negro. El clamor de la guerra, su música de tambores, metales, artillería, ayes, canciones, explosiones, gritos, crea un clima vibrante alrededor de los combatientes. Es una visión de la guerra lunar, cinematográfica en su agilidad y en sus formas. Cuando la Voz DEL POETA deje de oírse, habrá desaparecido la mancha negra del mapa de España y los soldados negros de la escena, quedando un grupo de soldados iluminados por la luz de la sangre y la del mediodía más crecido. El mapa, en medio de estas luces, se cubrirá de surcos, manantiales, fábricas, flores y casas blancas.

Culmina en *Pastor de la muerte* la profunda vocación dramática que su autor sintió desde muy joven. La muerte cortó con brusquedad sus proyectos, las ideas de renovación teatral que con claridad y precisión había expresado en la «Nota previa» a su *Teatro en la guerra*. Como hemos repetido, en los dramas hernandianos tienen primacía los valores líricos sobre los propiamente teatrales, pero las obras que Miguel Hernández escribió para la escena poseen, por su hondura de sentimiento, su sentido de la justicia y su belleza poética, un particular valor dentro del teatro social y político de su época.

201

INDICE

ÍNDICE

Cuadernos de la Cátedra de Teatro de la Universidad de Murcia

TITULOS PUBLICADOS